할머니의 도덕경

할머니의 도덕경

장의균 옮김
빛살무늬(우리말한자연구회) 엮음

개마서원
Publishing co.

할머니의 도덕경

퍼   낸   이   윤혜경
지   은   이   노자
옮   긴   이   장의균
엮   은   이   빛살무늬(우리말한자연구회)
퍼   낸   날   2024년 5월 10일
초 판 2 쇄   2024년 6월 25일
편 집 디자인   박정미 장성하
교정 · 교열   이종계 이혜숙

퍼   낸   곳   개마서원
              서울 성북구 아리랑로 111-4
출 판 등 록   1989년 8월 17일(제1-953)
전 자 우 편   ongoejisin@gmail.com
              ISBN 979-11-952515-0-6

값 12,000원

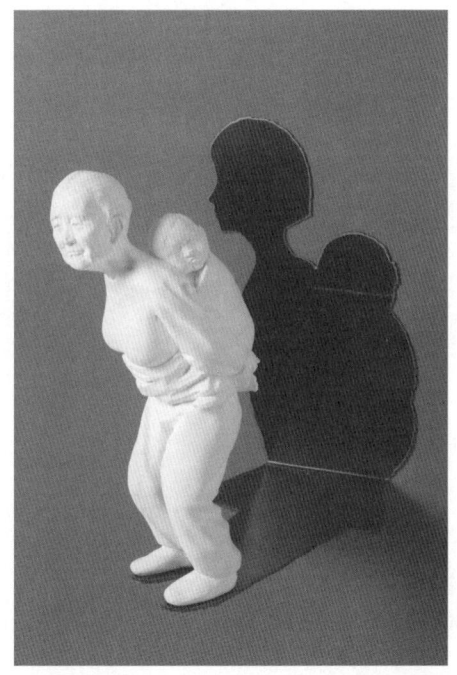

안경진 「업보」

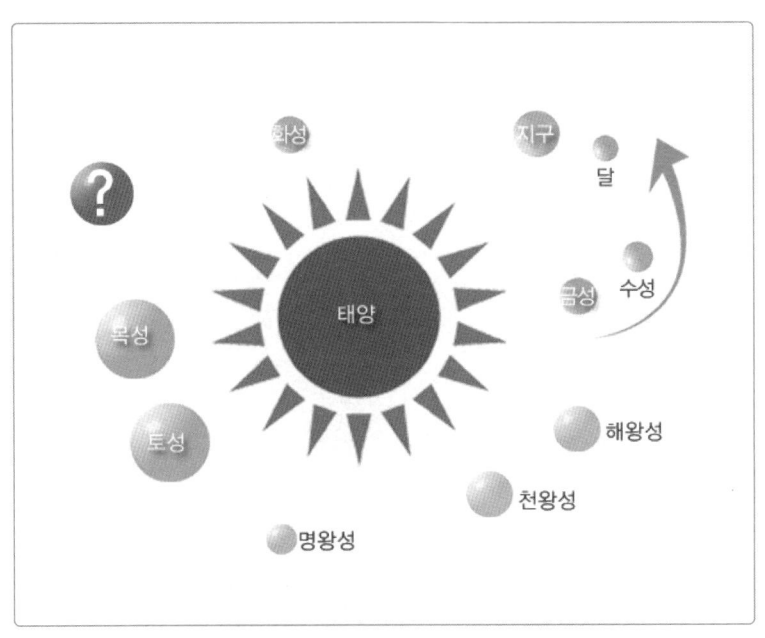

길 위에 길 -제카리아 시친

기원전 2300년 수메르, 아카드 왕의 인장에 새겨진 태양계

안과 밖이 없는 길 -뫼비우스 고리
一始無始一終無終一

맞이 글

애야, 지는 게 이기는 거란다.
          - 할머니 -
그렇지, 주는 게 남는 거야.
          - 할아버지 -

 이십여 년 전, 한 친구가 바닷가 마을 한 구석의 제 공부방을 찾아 와서는 무슨 얘기 중에 도덕경 道德經에 나오는 '대기만성 大器晚成:큰 그릇은 만드는데 오래 걸린다?' 이 무슨 뜻이냐고 묻습니다. 제가 한자풀이에 관심이 많은 줄 알고 있었기 때문입니다. 듣고보니, 노자 老子가 그렇게 빤한 얘기를 했을 리는 없겠다는 생각이 듭니다.
 '대기만성 大器晚成'의 '늦을 만晚' 자가 갑골문 甲骨文으로는 '애 낳을 만娩' 자와 같은 거니까, 아마 '아기가 태어나듯 늘 새로 태어날 줄 알아야 큰 사람이다' 라는 뜻일 것 같다고 했습니다. 그러자 옆에 같이 왔던 선생이 자기네 자연의학 공부모임에 와서 도덕경 해석을 해줄 수 없겠느냐며 부탁을 합니다. 이제껏 제대로 읽어 본 적은 없지만, 그냥 한자 풀이만 해도 좋다면 해보겠다고 했습니다. 되는대로 여러 사람의 번역본을 구해서 읽어 보니, 번역된 용어나 그 해석들이 원문보다 더 어렵습니다. 우리말(한글) 번역이라는 게 영 우리말 같지 않습니다. 그래서 원문을 바로 우리말로 바꾸어 읽어보니, 어쩐지 우리 어른들이 늘 일러주시던 '사람의 세상사는 도리道理'에 대한 말씀(격언)처럼 느껴집니다.

  나이 칠십이 넘도록 도덕경 안에 있었을 우리말을 찾아 읽어왔지만 읽을 때마다 늘 다르게 읽혀지니 참으로 아직 멀었다는 자괴감에 감히 내놓지를 못하고 있었습니다.

  그런데 이번에 빛살무늬(우리말한자연구회) 식구들과 함께 읽으면서, 『도덕경道德經』은 어느 때인가부터 비로소 사람다운 삶을 살게 된 인류의 아주 오래된 격언格言들이 담긴, 특히 우리말로 된 격언들을 한문경전으로 편집한 것이라는 확신이 생겼습니다.

  '우리말을 쓰는 모든 사람들의 과제이다, 함께 찾아보자' 라는 마음으로 이렇게 내놓습니다.

2024. 4. 30. 장 의 균

차 례

8 맞이 글

제1장 길이라 말하나, 늘 그 길 아니고   17
제2장 천하가 다 안다, 아름다운 체하는 아름다움은 밉다   18
제3장 똑똑함을 부추기지 않아야, 사람들이 다투지 않는다   19
제4장 도道는 텅 비어있으나, 그 쓰임에는 다함이 없지   20
제5장 천지天地는 어질지 않아   21
제6장 골짜기의 신은 죽지 않는다   22
제7장 하늘은 너르고 땅은 오래간다   23
제8장 가장 좋은 것[善]은 물과 같다   24
제9장 가지고도 더 채우려는 것은 그만 두느니만 못하고   25
제10장 혼백魂魄을 하나로 품어,   26
제11장 서른 개의 바퀴살이 하나의 바퀴통에 모이는데   27
제12장 갖가지 화려한 색깔이 사람의 눈을 멀게 하고   28
제13장 총애를 받든 욕辱을 보든 어렵게 여겨라   29
제14장 보아도 보이지 않아 '미微'라하고   30
제15장 예부터 도道를 잘 따르는 삶은   31
제16장 비움[虛]에 이르러야 한결 같고   32
제17장 가장 좋은 임금은 백성들이 있다는 것만 안다   33
제18장 대도大道가 무너지니 인의仁義를 찾게 되고   34

제19장 지혜와 시비 겨루기를 끊어야	35
제20장 '따라 배우기'를 끊을 때 근심도 사라진다	36
제21장 큰 덕德은 오직 도道를 따른다	37
제22장 굽어야 온전해지고, 휘어야 곧아진다	38
제23장 스스로 그러함은 뭐라고 말할 수 없다	39
제24장 까치발로는 오래 서지 못하며	40
제25장 혼돈스러운 어떤 것이 천지보다 앞선다	41
제26장 무거움이 가벼움의 뿌리가 되고	42
제27장 잘 가는 길은 궤적이 없고	43
제28장 수컷 됨을 알면서도 그 암컷 됨을 지켜야	44
제29장 천하를 갖겠다고 발버둥들을 치지만	45
제30장 도道로써 사람들의 주인 됨을 돕는 이는	46
제31장 무기라는 건 상서롭지 못한 기물일 뿐이다	47
제32장 도道는 늘 이름이 없다	48
제33장 남을 아는 것은 지혜지만	49
제34장 큰 도道는 넓고 넓어 어디에나 넘쳐난다	50
제35장 도道의 큰 모습에 이끌려 천하를 나서니	51
제36장 접고자 하면 반드시 먼저 펴야 하고	52

제37장 도道는 부림이 없으므로 못할 일이 없다 53
제38장 최고의 덕德은 덕을 내세우지 않으니 54
제39장 옛날부터 '하나'를 얻는다는 것이 있다 55
제40장 되돌아감이 도道의 움직임이며 56
제41장 좋은 선비 도道를 들으면 힘써 따르지만 57
제42장 도道는 하나로 살고, 하나는 둘로 살며 58
제43장 천하의 부드러운 것이 59
제44장 명성과 몸, 어느 것이 나와 가까운가 60
제45장 크게 이루어진 것은 모자란 듯하나 61
제46장 세상이 도리를 따르면, 천리마가 똥 수레를 끌고 62
제47장 문밖을 나서지 않고도 세상을 알고 63
제48장 배우기 위해서는 날마다 보태야 하나 64
제49장 성인은 제 마음이 따로 없어 65
제50장 살러 나와 죽는 길로 드는 구나 66
제51장 도道는 살리고 덕德은 기르니 67
제52장 천하에 비롯됨이 있어, 그 어미 노릇을 한다 68
제53장 나에게 조금이나마 지혜가 있다면 69
제54장 잘 세워야 뽑히지 않고 70

제55장 덕德의 도타움은 갓난아기와 같으니   71
제56장 아는 자 말 하지 않고, 말 하는 자 알지 못한다   72
제57장 구실 붙여 나라를 다스리고, 재간으로 군대는 부리지만   73
제58장 정치가 어눌할수록 그 백성들이 도타워지고   74
제59장 사람을 다스리고 자신을 닦는 데는   75
제60장 큰 나라 다스리기를 작은 생선 굽듯이 하라   76
제61장 큰 나라는 하류와 같다   77
제62장 도道란 만물에 흘러드는 것이니   78
제63장 부림 없이 살고, 일없음을 일삼으며   79
제64장 편안할 때 지키기 쉽고, 낌새 없을 때 꾀하기 쉽다   80
제65장 옛날에 도를 잘 실천하는 자는   81
제66장 강과 바다가 모든 골짜기의 왕이 될 수 있는 것은   82
제67장 사람들이 내가 말하는 도道가 너무 커서   83
제68장 훌륭한 장수는 위세를 부리지 않고   84
제69장 용병술에 이런 말이 있다   85
제70장 올바른 말은 알기도 쉽고 행하기도 쉬운데   86
제71장 모른다는 사실을 아는 것이 최상이고   87
제72장 백성들이 위엄을 두려워하지 않아야   88

제73장 빼앗는데 용감함은 죽임이고   89
제74장 백성들이 죽음을 두려워하지 않고 항거를 하는데   90
제75장 백성들이 굶주리는 것은   91
제76장 사람이 살아있을 때는 부드럽고 약하지만   92
제77장 하늘의 도는 마치 활을 당기는 것과 같다   93
제78장 천하에 물보다 부드럽고 유연한 것이 없지만   94
제79장 큰 원한은 화해를 해도   95
제80장 나라는 작고 백성은 적은 게 좋다   96
제81장 미더운 말은 꾸밈이 없고, 꾸민 말은 미덥지 않다   97

101 도덕경道德經 한문본漢文本

185 함께한 글

193 화보

하늘의 길, 道
천상열차분야지도 서울역사박물관 소장

일러두기

* 노자 『도덕경』이 글로 편찬되기 전에 먼저 있던 우리 옛 어른들(할아버지, 할머니)의 말씀대로 전하고자 우리말을 우선하고, 후에 도덕경 한문본과 우리말 한자를 더했습니다.
* 함께한 사진과 그림은 빛살무늬 회원들의 갑골문 그리기와 예술활동 과정에서 나온 작품들입니다.
* 『할머니의 도덕경』은 장의균의 사유와 성찰, 그리고 빛살무늬(우리말한자연구회) 회원들과 함께한 공부 여행의 끝자락에서 나온 것임을 밝힙니다. 많은 선학(先學)들의 연구에 감사드립니다.

제1장

길이라 말하나, 늘 그 길 아니고
이름 지어 부르나, 늘 그 이름 아니지.
천지의 비롯됨을 없음이라 하고
온갖 것의 어미 됨을 있음이라 하자.
우리는 늘 그 없음으로 천지의 오묘함을 보고
우리는 늘 그 있음으로 온갖 것의 테두리를 본다.
그러니 이 둘은 같은 것이다.
뭇사람들이 달리 이름 지어 부를 뿐
함께 일컬어 '가물 현玄'이다.
가물가물 그윽한, 온갖 오묘함의 여닫이로구나!

제2장

천하가 다 안다
아름다운 체하는 아름다움은 밉다.
모두가 안다
착한 체하는 착함은 싫다.
있고 없음이 서로를 살리고
어려움과 쉬움이 서로를 이루며
길고 짧음이 서로에 맞추고
높고 낮음이 서로에 기대며
속 소리 바깥소리 서로 어울리고
앞과 뒤 서로를 따른다.
그래서 올바른 이는 부림 없이 일을 하며
가르지 않고 가르친다.
만물은 스스로 지으면서도 지었다 하지 않고
살리지만 갖지 않으며
하고도 바라지 아니하고
공이 이루어져도 머물지 않는다.
무릇 머물지 않으니, 버려지지 않는다.

제3장

똑똑함을 부추기지 않아야
사람들이 다투지 않는다.
얻기 어려운 재물이 귀하지 않아야
사람들이 도둑질할 일 없다.
욕심내는 꼴 볼 일 없어야
사람들의 마음이 어지럽지 않다.
이것이 올바른 이[聖人]의 다스림이다.
마음은 비우고 배를 채우며
뜻은 부드럽고 뼈는 강하게.
사람들이 지식과 욕심에 얽매이지 않아야
꾀 많은 자들이 함부로 부리지 못한다.
부림이 없으니, 다스리지 못함이 없다.

제4장

도道는 텅 비어 있으나
그 쓰임에는 다함이 없지
깊기도 하구나!
만물의 으뜸인 듯
맑기도 하구나!
무언가 있는 듯
그 누구의 자식인지 모르겠으나
하느님보다도 먼저인 듯.

제5장

천지는 어질지 않아
모든 것을 짚풀강아지*처럼 여긴다.
성인도 어질지 않아
백성을 짚풀강아지처럼 여긴다.
천지 사이는 풀무와 피리 같다.
비어 있으나 오그라들지 않고 움직일수록 넘쳐난다.
말이 많다 보면 자주 막히니, 그 비어 있음을 지키느니만 못하다.

---

* 옛날 제사에 사용하던 짚, 풀로 만든 개. 제사 때만 의례용으로 사용하고, 제사 지낸 후에는 버림. 제사 후 아무도 관심을 보이지 않듯 천지자연은 그렇게 만물을 무심하게(가차 없이) 대한다는 비유.

제6장

골짜기의 신은 죽지 않는다.
그윽한 암컷!
그 암컷*의 문을 천지의 뿌리라 한다.
끊어질 듯 말 듯 이어지고 이어지니
아무리 써도 마르지 않는다.

---

* 생명을 잉태하는 (우주의) 자궁

제7장

하늘은 너르고 땅은 오래간다.
천지가 길고 오랜 것은
제 살려고만 하지 않기 때문이다.
그러니 오래 산다.*
성인은 자신을 뒤로 둠으로 나아가며
자신을 벗어남으로 자신을 보존한다.
이는 사사로움을 넘어서기 때문이 아니겠는가!
그래서 그 사사로움도 이루게 된다.

---

*장구(長久)함에 대한 지향이 강하게 스며 있는 것은 춘추전국시대의 산물로 나라를 오래, 안정되게 유지하고자 하는 바람이었을 것으로 보인다.

제8장

가장 좋은 것[善]은 물과 같다.
물은 온갖 것에 이로움을 줄 뿐 다투지 않으며
사람들이 싫어하는 곳에 머문다.
그러므로 도道에 가깝다.
땅처럼 낮추어 살며 마음을 깊게 쓴다.
하늘처럼 잘 베풀며 말은 믿음직하다.
다스림은 물 흐르듯 하고
일은 능력껏 하며 때를 맞춰 움직인다.
무릇 다투지 않으니, 허물이 없다.

제9장

가지고도 더 채우려는 것은 그만 두느니만 못하고
벼린 날을 더 벼려서는* 오래 쓸 수 없다.
금과 옥이 가득한 집은 지킬 수 없고
부귀하다 자랑함은 스스로 허물을 남기는 꼴,
공功이 이루어지면 몸은 물러나는 것이 하늘의 길이다.

---

*무디어진 연장의 날을 불에 달구어 두드려서 날카롭게 만들다.

제10장

혼백*魂魄을 하나로 품어 서로 떨어지지 않게 할 수 있는가?
기운을 오로지 부드럽게 하여 어린아이처럼 할 수 있는가?
마음의 거울을 깨끗이 닦아 티 없이 할 수 있는가?
백성을 사랑하고 나라를 다스림에 부림이 없이 할 수 있는가?
하늘 문을 열고 닫음을 암컷처럼 할 수 있는가?
사방세계 밝게 앎을 무지*無知하게 잘 할 수 있는가?

---

* 혼(魂)은 얼, 마음, 생각. 옛날에 사람이 죽으면 魂은 천상 으로, 魄은 백골이 되어 지상에 머무는 것으로 생각함.
* 몹시 놀랄 만큼 대단히, 보통보다 훨씬 정도에 지나치게. 무지(無知) : 누구나 뻔히 아는 지식(知識)대로가 아닌 다른 경지의 앎. 무지무지(無知無知) 잘한다.

제11장

서른 개의 바퀴살이 하나의 바퀴통에 모이는데
그 바퀴통이 비어 있어 수레가 구른다.
진흙을 빚어 그릇을 만드는데
그 비어 있음에 쓰임이 있다.
문과 창을 뚫어 방을 만드는데
그 비움으로 방의 쓸모가 있다.
있음의 이로움은 없음의 쓰임에서 나온다.

제12장

갖가지 화려한 색깔이 사람의 눈을 멀게 하고
갖가지 요란한 소리가 사람의 귀를 먹게 하며
갖가지 다양한 맛이 사람의 입을 버려놓는다.
말 달리는 사냥질이 사람의 마음을 미치게 하고
얻기 어려운 재화가 사람의 행실을 어지럽힌다.
그러므로 올바른 이는 눈요기보다는 배를 채우며
껍데기는 버리고 알맹이를 거둔다.

제13장

총애를 받든 욕(辱)을 보든 어렵게 여겨라.
큰 고통을 내 몸처럼 귀하게 여겨라.
무엇이 총애이고 무엇이 모욕인가?
총애가 아래 것이다.
그것을 얻어도 어렵고, 잃어도 어려우니
총애를 받든 욕을 보든 어렵게 여기라는 것이다.
어째서 큰 고통이 내 몸처럼 귀하다는 것인가?
나에게 큰 고통이 있는 것은 내 몸이 있기 때문이다.
내 몸이 따로 없다면 그 무슨 고통이 있겠는가?
제 몸처럼 천하를 귀하게 여겨야 천하에 부칠만 하고
제 몸처럼 천하를 아껴야 천하를 맡길 만하다.

제14장

보아도 보이지 않아 '미微'라 하고
들어도 들리지 않아 '희希'라 하며
만져도 만져지지 않아 '이夷'라고 한다.
이 세 가지는 달리 가려낼 수도 없다.
본디 섞여서 '하나'인 까닭이다.
이 '하나'는 위라 해서 밝지도 않고
아래라고 어둡지도 않다.
꼬이고 또 꼬여 이어지니 이름 지을 수도 없고
다시 그 무엇도 아님으로 되돌아간다.
꼴 없는 꼴, 그 무엇도 아닌 무엇
이르기를 황홀恍惚이라 한다.
마주해봐야 그 머리 볼 수 없고
뒤따른들 그 꼬리 볼 수 없다.
옛길을 짚고 지금을 추스리며
그 시작됨을 알게 되니
이것이 도道의 실마리이다.

제15장

예부터 도(道)를 잘 따르는 삶은
미묘하기 그지없어 그 깊이를 알 수가 없다.
알 수는 없으나, 굳이 표현하자면
조심스럽기는 겨울 강을 건너듯
머뭇머뭇 사방을 두려워하듯
손님처럼 삼가고, 녹는 얼음처럼 풀어진다.
통나무처럼 도탑고, 계곡처럼 텅 비우며
흐린 물*처럼 소탈하다.
그 흐린 물을 고요하게 만들어
서서히 맑게 할 수 있는 이는 누구이며,
가만히 있는 것을 움직여
서서히 살아나게 할 수 있는 이는 누구인가!
이러한 이치[道]를 보듬고 사는 사람은 다 채우려 하지 않는다.
다 채우려 하지 않고, 허술한 대로 끝없이 다듬어 갈 뿐이다.

---

* 혼탁한 세상에서 흙탕물처럼 섞여 함께 어울려 사는 털털한(수수한) 모습

제16장

비움[虛]에 이르러서야 한결같고
그 중심을 지켜야 돈독하다.
온갖 것 다투어 자라나지만
우리는 그 되돌아감을 볼 뿐이다.
온갖 것들 무성하게 엉키지만
끝내는 저마다의 뿌리로 돌아간다.
뿌리로 돌아감을 일러 고요함[靜]이라 하니
바로 제 목숨 찾는 길이다.
제 목숨 찾는 일이 늘 그러함이요
늘 그러함을 아는 것이 곧 밝음[明]이다.
늘 그러함을 모르면, 헛되이 버려진다.
늘 그러해야 품을 수 있고, 품을 수 있어야 공평하다.
공평함으로 온전해지고, 온전해지니 하늘을 따른다.
하늘을 따름이 곧 도道다.
그 길이 오래가니, 죽을 때까지 위태롭지 않다.

제17장

가장 좋은 임금은 백성들이 있다는 것만 안다.
백성들이 그를 가까이하고 떠받드는 것은 그 다음이다.
그보다 다음은 백성들이 그를 두려워한다.
끝내는 그를 비웃는다.
임금의 믿음이 부족하면, 백성들도 못 믿는다.
이야말로 참으로 귀한 말이로구나!
공을 이루고, 일이 잘 되어감에
백성들 스스로 원래 그러려니 한다.

제18장

대도大道가 무너지니 인의仁義를 찾게 되고,
지혜知慧가 날뛰니 큰 거짓도 생겨난다.
가족이 불화하니 효도와 자애를 찾게 되고,
나라가 혼란해지니 충신이 있게 된다.

제19장

지혜와 시비 겨루기를 끊어야
백성들의 이익이 더욱 크다.
재주와 이익 다투기를 끊어야
도적들도 없다.
거짓과 눈치 보기를 버려야
백성들이 효성과 자애로움을 되찾는다.
그러나 이 세 가지도 말의 꾸밈일 뿐, 충분치 않으니
반드시 따라야 할 바가 있다.
누에고치와 통나무의 소박함을 지키고
사사로움과 욕심을 줄여라.

제20장

'따라 배우기'를 끊을 때 근심도 사라진다.
'예와 아니오'가 얼마나 다르고
좋고 나쁨의 거리는 얼마나 될까?
사람들이 두려워한다고 나도 같이 두려워해야 하는가?
허망하기 그지없구나!
모두가 희희낙락, 큰 소 잡아 잔치라도 하는 듯
봄날 누각에라도 오른 듯 떠들썩한데
나 홀로 우두커니 뭔지 모르고
아직 웃을 줄도 모르는 갓난아이 같다.
처지고 늘어진 채 돌아갈 곳도 없는 듯
사람들 모두가 넉넉한데 나 혼자 모자란 듯
어리석고 따분하구나!
세상 사람들 모두가 다 밝은데, 홀로 어둡고
세상 사람들 눈치 빠른데, 홀로 어눌하다.
그저 바다처럼 담담하고 걸림 없는 바람결 같다.
사람들 모두 한가락씩 하는데, 나 홀로 촌스럽고 미련하다.
남 다르게 오직 먹여주는 어미만이 귀하다.

제21장

큰 덕德은 오직 도道를 따른다.
도道라는 그것, 황홀恍惚하구나
있는 듯 없는 그 안에 꼴[象]이 있다.
없는 듯 있는 그 안에 사물[物]이 있고
그윽한 어두움 그 안에 정기[精]가 있다.
그 정기[精] 매우 참되어 그 안에 미더움도 있다.
예부터 지금까지 그 이름 버려진 적 없으니
그 길道에서 만물의 비롯됨을 살핀다.
그 비롯되어감은 또 어떻게 아는가
이 참*에 안다.

---

*무엇을 하는 경우나 때(순간).

제22장

굽어야 온전해지고, 휘어야 곧아진다.
패이면 채워지고, 낡으면 새로워진다.
줄여야 얻게 되고, 많아지면 잃게 된다.
이로써 성인聖人은 하나를 잡아 천하의 법으로 삼는다.
내가 본다 하지 않으니 밝게 보게 되고
내가 옳다 하지 않으니 빛나게 되며
내가 했다 하지 않으니 공功이 있게 되고
나를 뽐내지 않으니 오래간다.
오로지 다투지 않으니 천하가 그와 더불어 다투지 못한다.
'구부려야 온전해진다' 라는 옛말이 어찌 빈말이겠는가?
진실로 온전하게 그 이치로 돌아가야 한다.

제23장

스스로 그러함[自然]은 뭐라고 말할 수 없다.
회오리바람은 아침 한나절을 불지 못하고
소나기는 하루 종일을 못 내린다.
누가 이렇게 하는가? 하늘과 땅이다.
천지가 하는 일도 그렇게 오래 가지는 못하는데
하물며 사람이 하는 일에 있어서야!
도道를 따라 도道와 같아지고
덕德을 얻어 덕德과 같아지며
잃음[失]을 좇아 잃음[失]과 같아진다.
도道와 같아지면 도道 역시 즐거이 그를 얻고
덕德과 같아지면 덕德 역시 즐거이 그를 얻으며
잃음[失]과 같아지면, 잃음[失] 역시 즐거이 그를 얻는다.

제24장

까치발로는 오래 서지 못하며
가랑이 벌리고는 오래 걷지 못한다.
스스로를 드러내는 자는 밝게 볼 수 없고
스스로 옳다는 것만으로는 빛날 수 없다.
자기가 했다는 것만으로는 공功이 될 수 없고
자기를 뽐내는 자는 으뜸이 될 수 없다.
이런 것들을 도道에서는
밥찌꺼기나 헛짓거리라 한다.
만물이 싫어 할 짓이니
도리道理를 안다면 그만둘 일이다.

제25장

혼돈스러운 어떤 것이 천지보다 앞선다.
고요히 아득히 홀로 있어 달라지지 않으며,
빠짐없이 다니면서도 어그러지지 않으니,
천하의 어미라 할만하다.
우리, 그 이름 알 길 없으나
굳이 글자를 붙여 '도道' 라 하고
굳이 일컬어 '크다' 할 뿐이다.
크면 가기 마련이고
가야 멀어질 뿐, 멀어지면 되돌아온다.
그렇게 도道는 크고, 하늘도 크다.
땅도 크고, 왕(사람) 또한 크다.
이 네 가지 큰 것 중에 왕(사람)도 그 하나다.
사람은 땅을 따르고, 땅은 하늘을 따른다.
하늘은 도道를 따르고, 도는 스스로 그러함을 따른다.

제26장

무거움이 가벼움의 뿌리가 되고
고요함이 서두름의 머리가 된다.
그래서 성인은 하루 종일을 다니면서도
무거운 짐수레*를 떠나지 않고,
비록 화려함에 있으면서도
한가로이 지내며 마음 두지 않는다.
어찌 큰 나라의 주인된 자가
천하에 그 몸을 가벼이 하겠는가?
가벼우면 근본을 잃게 되고
서두르면 군주의 도리를 잃게 된다.

---

*주어진 짐, 책임.

제27장

잘 가는 길은 궤적이 없고
솔직한 말에는 허물이 없다.
잘 헤아리는 데는 주판*이 필요 없고
잘 닫은 문은 빗장을 안 걸어도 열 수가 없으며
정말로 잘 묶은 건 매듭이 없어 풀 수도 없다.
성인은 늘 사람을 잘 가리어 쓰니
사람 버릴 일이 없고
물건을 잘 살려 쓰니 물건 버릴 일이 없다.
이를 일러, 밝음을 잇는다고 한다.
잘하는 사람은 잘하지 못하는 사람의 스승이고
잘 못하는 사람은 잘하는 사람의 거울이다.
스승을 귀히 여기지 않고 그 거울을 아끼지 않으면
지혜롭다 한들 크게 어지러워진다.
이것이 지극한 묘妙함이다.

---

*셈을 하는 데 쓰는 도구. 계산기

제28장

수컷 됨을 알면서도 그 암컷 됨을 지켜야
천하의 계곡이 된다.
천하의 계곡이 되어 언제나 덕德이 떠나지 않으니
갓난아이로 되돌아간다.
밝음을 알면서도 그 어두움을 지켜야
천하의 모범이 된다.
천하의 모범이 되면, 언제나 덕에서 어긋나질 않아
가없음*으로 되돌아간다.
그 영광됨을 알면서도 그 욕辱됨을 지켜야
천하의 골짜기가 된다.
천하의 골짜기가 되어, 언제나 덕이 넉넉해야
질박한 통나무로 되돌아간다.
통나무는 생긴 대로 나뉘어 그릇이 되니
성인은 그 이치로 우두머리 노릇을 한다.
그래서 큰 다스림은 가르지* 않는다.

---

*끝이나 한도가 없다.
*(자웅, 영욕, 흑백을) 나누지 않고 스스로 그러한 대로 둔다.

제29장

천하를 갖겠다고 발버둥들을 치지만
우리는 그 뜻대로 안 됨을 볼 뿐이다.
천하는 신묘한 기물이라, 억지로 다룰 수 없다.
억지로 하다가는 망치고 잡아봐야 놓친다.
만물에는 앞서는 것이 있으면 뒤따르는 것이 있고
들여 마시는 것이 있으면 내뿜는 것이 있다.
강한 게 있으면 여린 게 있고
북돋는 게 있으면 무너뜨리는 게 있다.
그래서 바른 사람은 지나침을 버린다.
오만함도 버리고 태만함도 버린다.

제30장

도道로써 사람들의 주인 됨을 돕는 이는
무력으로 천하를 강제하지 않는다.
그렇게 해서는 반드시 대가가 따르니
군대가 있던 자리에는 가시덤불이 자라고
대군이 일어난 후에는 반드시 흉년이 따르니
잘 싸우는 자는 목적을 이룰 뿐이다.
더 강해지려 하지 않고, 성과를 내세우지 않는다.
더 해치려 하지 않으며, 뽐내지도 않는다.
성과를 이룬 것도 부득이한 일이었을 뿐이니
성과 위에 강함을 내세우지 않는다는 말이다.
무엇이든 억세지면 바로 늙으니, 이는 도道가 아니다.
도道가 아니니, 일찍 끝난다.

제31장

무기라는 건 상서롭지 못한 기물일 뿐이다.
어떤 것이든 모두 그것을 싫어하니
도道를 따르는 자는 그에 의지하지 않는다.
군자는 평상시에는 왼쪽을 높이고
전쟁 시에는 오른쪽을 높인다.
무기라는 건 상서롭지 않은 기물이니 군자가 쓸 물건이 못 된다.
어쩔 수 없이 쓰게 되면 담담함이 제일이다.
승리해도 아름답게 여기지 않는다.
아름답게 여기는 건 살인을 즐기는 것과 같다.
살인을 즐기면서 천하에 뜻을 이룰 수는 없을 것이다.
좋은 일에는 왼쪽을 높이고 나쁜 일에는 오른쪽을 높인다.
편장군이 왼쪽에 자리 잡고 상장군이 오른쪽에 자리함은
상례喪禮를 갖추라는 말이다.
사람을 죽인 무리이니 애가 타고 슬프게 울어야 한다.
전쟁의 승리는 상례로 마무리한다.

제32장

도道는 늘 이름이 없다.
통나무같이 뭉툭해서 하찮지만
이 세상 아무도 그를 신하로 삼을 수 없다.
제후와 왕들이 만약 이를 잘 지킬 수 있으면
만물이 스스로 찾아들 것이다.
하늘과 땅이 만나 단이슬이 내리듯이
백성들은 법 없이도 스스로 잘 산다.
마름질*을 하니까 이름도 있게 된다.
이름이 이미 있게 되었다면 그침 또한 알아야 한다.
그침을 알아야 위태롭지 않다.
천하에 도道가 있음을 말하자면
골짜기 물과 냇물들이 강과 바다로 흘러드는 것과 같다.

---

*옷감이나 재목 따위를 치수에 맞도록 재거나 자르는 일

제33장

남을 아는 것은 지혜지만, 스스로를 아는 것은 밝음이다.
남을 이기는 자를 힘이 세다 하지만
자기를 이기는 자라야 참으로 강한 것이다.
족함을 알아야 진짜 부자이며
힘써 실천해야 그 뜻이 살아난다.
제 자리를 잃지 않아야 오래가고
죽어도 잊히지 않아야 오래 사는 것이다.

제34장

큰 도道는 넓고 넓어 어디에나 넘쳐난다.
만물이 그에 기대어 살지만 마다하지 않고
공功이 이루어져도 이름을 갖지 않는다.
만물을 싸안고 기르면서도 주인 노릇을 하지 않고
늘 욕심이 없으니 '작다' 할 수 있다.
만물 모두가 그곳으로 돌아들지만
주인 행세를 하지 않으니
'크다' 할 수 있다.
끝내 스스로 크다 하지 않아
그 큼을 이루는 것이다.

제35장

도道의 큰 모습에 이끌려 천하를 나서니
어디를 가도 해로움이 없어 태평스럽구나.
달콤한 음악과 맛있는 음식은
지나가는 나그네도 멈추게 하지만
도道에서 나오는 말은 심심하니 아무 맛도 없다.
보여주지만 다 볼 수 없고
들려주지만 다 들을 수 없으며
아무리 써도 다함이 없다.

제36장

접고자 하면 반드시 먼저 펴야 하고
부드럽고자 하면 정말 강해져야 한다.
일으키지도 않고 무너뜨릴 수 없고
먼저 주지도 않고 빼앗는 법은 없다.
이것이 바로 보일 듯 말 듯한 깨달음이라 한다.
끝내는 부드럽고 약한 것이 억세고 강한 것을 이긴다.
물고기가 연못을 나와서는 안 되듯이
나라의 참된 법은 내세워서 되는 것이 아니다.

제37장

도道는 부림이 없으므로 못할 일이 없다.
제후나 왕이 이를 지키면 만사가 스스로 돌아간다.
행여 바꾸어보려는 욕심이 들더라도
짐짓 이름 없는 통나무처럼 놔둘 일이다.
꾸밈없는 통나무가 욕심도 없을지니
욕심 없는 고요함에 세상이 편안하다.

제38장

최고의 덕德은 덕을 내세우지 않으니, 그래서 덕이 있다.
낮은 덕德은 덕을 잃지 않으려 하니, 그래서 덕이 없다.
참된 덕德은 무엇 때문에도 아니고, 무엇을 위해서도 아니다.
참된 인仁은 그저 어질 뿐, 무엇을 위해서가 아니다.
옳을 의義는 지켜져야 옳다.
바른 예禮는 따르지 않으면 끌어당긴다.
그러므로 도道를 잃은 후에 덕德이고
덕德을 잃은 후에 인仁이며
인仁을 잃은 후에 의義고
의義를 잃은 후에 예禮다.
무릇 예禮라는 것은
참됨과 믿음이 얄팍해져 나오는 것으로, 어지러움의 시작이다.
이미 알고 있는 것들은
도道의 꾸밈, 어리석음의 첫 단추.
대장부는 도타움에 살지, 얄팍함에 살지 않는다.
참되게 살지, 꾸밈으로 살지 않는다.
껍데기는 버리고 알맹이를 가진다.

제39장

옛날부터 '하나'를 얻는다는 것이 있다.
하늘도 하나를 얻어 맑고, 땅도 하나를 얻어 편안하다.
신神도 하나를 얻어 영험하고, 골짜기도 하나를 얻어 채워진다.
만물도 하나를 얻어 살고
제후나 왕도 하나를 얻어 천하를 바르게 한다.
그 하나 되는 이치를 보자.
하늘이 맑기만 하면 무너질까 두렵고
땅이 편안하기만 하면 갈라질까 두려우며
신이 영험하기만 하면 사라질까 두렵고
골짜기가 채우기만 하면 말라버릴까 두려우며
만물이 살려고만 하면 죽을까 두렵고
제후나 왕이 귀하고 높기만 하면 거꾸러질까 두려우니
귀함은 천함을 뿌리로 하고
높은 건 낮은 걸 바탕으로 하는 까닭이다.
그래서 제후나 왕들은 스스로 외롭고, 짝이 없고, 복이 없다고 한다.
이것이 비천함을 근본으로 함이 아니겠는가?
안 그런가?
가마만 계속 타려고 하다가는 아예 못 타게 된다.
옥처럼 번듯해지려 하지 말고, 그저 돌처럼 투박할 일이다.

제40장

되돌아감이 도道의 움직임이며
여리고 부드러운 것이 도道의 쓰임이다.
천하 만물이 있음으로 살지만, 있음은 없음에서 산다.

제41장

좋은 선비 도道를 들으면 힘써 따르지만
그저 그런 선비 도를 들으면, 긴가민가*하고
못난 선비 도를 들으면 한껏 비웃는다.
비웃지 않는다면 도道라 하기 어려우니
그래서 예부터 하는 말이 있다.
어둑한 듯 밝은 길
물러나는 듯 나아가는
울퉁불퉁한 듯 편한 길.
높은 덕德은 골짜기 같고, 더러운 듯 깨끗하다.
모자란 듯 넓은 덕, 게으른 듯 건실한 덕,
바뀌어야 참된 덕.
큰 모서리는 구석이 없고, 큰 그릇은 끝없이 거듭난다.
참으로 큰 소리 안 들리고, 너무 큰 것은 안 보인다.
도道는 감추어져 부를 길 없지만
그 도道만이 잘 시작하고 잘 이루어 간다.

---

*그런지 그렇지 않은지 분명하게 알지 못한다.

제42장

도道는 하나로 살고, 하나는 둘로 살며
둘은 셋으로 사니, 곧 만물이 삶ㅌ이다.
만물은 음陰을 지고 양陽을 품으며
하나의 기氣로 만나 어우러짐이다.
사람들이 싫어하는 외로움과 짝 없음, 가난함
이것으로 왕은 자신을 부른다.
만물은 덜어내면 보태지고
보태면 덜어지기 마련이다.
사람들이 가르쳐온 대로 나도 가르치니
'강팍한* 자는 좋게 죽을 수 없다.'
나는 이를 모든 가르침의 으뜸으로 삼는다.

---

*까다롭고 고집이 세다. 틀 안에 갇혀 한 치도 물러서지 않는다.

제43장

천하의 부드러운 것이, 천하의 단단한 것들을 몰아간다.
가진 게 없으니 없는 틈도 들어간다.
우리는 부림 없음의 유익함을 안다.
말 없는 가르침과 부림 없음의 유익함,
이에 이르는 이가 천하에 드물구나.

제44장

명성과 몸, 어느 것이 나와 가까운가?
몸과 재산, 어느 것이 소중한가?
얻음과 잃음, 어느 것이 병인가?
애착이 심하면 반드시 큰 대가를 치르고
많이 쌓아두면 반드시 크게 잃는다.
만족을 알면 욕되지 않고
그칠 줄 알면 어긋나지 않아
길이 오래간다.

제45장

크게 이루어진 것은 모자란 듯하나
그 쓰임에 버려짐이 없고,
크게 채워진 것은 빈 듯하나
그 쓰임이 다하지 않는다.
진짜 바른 것은 굽은 듯하고
좋은 솜씨는 서툰 듯하며
참된 말은 어눌하다.
움직임이 차가움을 이기고,
고요함이 뜨거움을 이기니
맑고 고요함이 천하를 바르게 한다.

제46장

세상이 도리를 따르면, 천리마가 똥수레를 끌고*
세상이 도리를 벗어나면, 말들이 싸움터에서 새끼를 낳는다.*
지나친 욕심보다 큰 죄罪는 없고
만족할 줄 모르는 것만큼 큰 화禍는 없으며
거저먹으려 욕심내는 것보다 큰 허물[咎]은 없다.
그칠 줄 알아야 늘 족하다.

---

* 전쟁에서 물러나 농사에 이용되고
* 빈번한 전쟁에 말들이 부족하여, 임신한 말까지 전쟁에 나가 전쟁터에서 새끼를 낳게 된다.

제47장

문밖을 나서지 않고도 세상을 알고
창문을 통하지 않고도 하늘의 도를 본다.
멀리 나갈수록 아는 것이 더 적어진다.
그렇게 성인(할머니)은 다니지 않고도 알고
보지 않고도 훤하며
일부러 하지 않고도 이룬다.
(할머니는 다 알고 본다.)

제48장

배우기 위해서는 날마다 보태야 하나
도道를 따르자면 날마다 덜어내야 한다.
덜고 또 덜어내어
부림이 없는 경지에 이르면
부리지 않고도 못 하는 일이 없게 된다.
천하를 얻으려면 일에 매이지 않아야 한다.
매여서 하는 일로는 천하를 얻을 수 없다.

제49장

성인은 제 마음이 따로 없어
백성들의 마음을 제 마음으로 삼는다.
옳은 것에 옳다 하고, 옳지 못한 것도 옳게 대하니
옳음으로 가득하다.
믿을 걸 믿고, 못 믿을 것도 믿어 주니
믿음으로 가득하다.
성인은 세상 그대로를 받아들이고
세상과 자신을 하나로 아우른다.
백성들 모두가 눈길 모으고 귀 기울이니
성인은 그들을 아이처럼 보듬는다.

제50장

살러 나와 죽는 길로 드는구나!
살자는 무리가 열에 셋
죽자는 무리가 열에 셋
살겠다고 사는데
하는 짓마다 모두 죽는 길뿐인 무리가
또한 열에 셋이다.
왜 그런가?
사는 데만 너무 매달리기 때문이다.
듣자하니, 삶을 잘 추스르는 자*는
험한 길을 가면서도 코뿔소나 범을 피하지 않고
군대에 가더라도 갑옷을 입지 않는다.
코뿔소가 뿔로 받을 일이 없고
범이 발톱으로 할퀼 일이 없으며
적군도 칼을 겨눌 일이 없다.
왜 그런가?
죽는 자리가 따로 없기 때문이다.

---

*삶을 잠시 빌려온 것으로 여기는 사람으로서 그 자신을 의식하지 않아 죽음의 여지가 없는 사람.

제51장

도는 살리고 덕은 기르니
만물이 꼴을 갖추고 기물*器物을 이룬다.
그래서 만물은 도를 받들고 덕을 귀하게 여긴다.
도를 받들고 덕을 귀하게 여기는 것은
누가 시켜서가 아니라 저절로 그렇게 되는 것이니
그 살리고 길러줌 때문이다.
키우고 살찌우고
편안히 낫게 하고
돌보고 덮어준다.
살리고도 가지려 하지 않고
위할 뿐 기대려 하지 않고
길러줄 뿐 다스리려 하지 않는다.
이것을 그윽한 덕, '현덕玄德' 이라 한다.

---

* 살림살이에 쓰는 그릇, 쓰임새 있는 인위적인 물건

제52장

천하에 비롯됨이 있어, 그 어미 노릇을 한다.
그 어미 됨을 알았으면 그 자식도 알아야 안다.
그 자식 됨을 알고, 돌이켜 그 어미를 지킬 줄도 알면
죽기까지 어그러지지 않는다.
욕심 구멍을 막고 그 문 닫을 줄 알면
평생 근심할 일 없겠으나
욕심 구멍 열린 채로 일거리만 늘려서는
끝내 구원은 없다.
아주 작은 것을 보는 것이 밝음[明]이며
부드러움을 지키는 것이 굳셈[强]이다.
그 빛[光]을 쓰되 원래의 밝음[明]에 돌아갈 줄 알면
몸 망칠 일이 없다.
이것이 한결같은 마음의 익힘[習常·습상]이다.

제53장

나에게 조금이나마 지혜가 있다면,
떳떳하고 큰길을 가며
샛길로 빠지지 않을까 두려워하는 것이다.
큰길이 그저 편하건만, 사람들은 지름길을 좋아한다.
조정은 썩었다.
전답은 황폐하고, 곳간들은 비었는데
화려한 비단옷 걸쳐 입고 날카로운 칼을 찼다.
물리도록 먹고 마시고 재물은 남아돈다.
'왕' 도둑이다.
도道가 아니다.

제54장

잘 세워야 뽑히지 않고
잘 품어야 빼앗기지 않아
자손의 제사가 끊어지지 않는다.
이를 제 몸에 닦으면 그 덕이 참되고
가족이 닦으면 그 덕이 넉넉해진다.
마을이 닦으면 그 덕이 오래가고
나라가 실천하면 그 덕이 풍성해지며
천하가 실천하면 그 덕이 두루 펼쳐진다.
그러므로 제 몸으로 남의 몸을 보고
제 집으로 남의 집을 보며
제 마을로 남의 마을을 보고
제 나라로 남의 나라를 보며
제 천하로 온 천하를 볼 일이다.
우리가 어떻게 천하의 그러함을 알겠는가?
이로써 안다.

제55장

덕德의 도타움은 갓난아기와 같으니
독벌레나 전갈 독사가 물지 않고
사나운 새나 짐승이 덤비지 않는다.
뼈는 약하고 힘줄도 부드러우나, 쥐는 힘은 세다.
남녀의 결합을 모르나 고추가 서니
정기가 지극함이요.
온종일 울어도 목이 쉬지 않으니
조화의 지극함이다.
조화는 한결같음이니
그 한결같음을 아는 것이 밝음이다.
덧붙이는 삶을 괴이하다 하고
마음으로 기를 부리려니 억세다 한다.
무엇이든 억세어지면 바로 늙으니
도道가 아니라 한다.
도道가 아니면 일찍 끝난다.

제56장

아는 자 말하지 않고, 말하는 자 알지 못한다.
욕심 구멍 막고 문*門을 없애며
날카로움 꺾고, 얽힘은 풀며
뽐냄을 다스려 티끌과 함께 하니
이를 현동玄同, 신비로운 하나 됨이라 한다.
그러므로 가까이 할 수도 없고, 멀리 할 수도 없다.
이롭게 할 수도 없고, 해롭게 할 수도 없다.
귀하게 할 수도 없고, 천하게 할 수도 없다.
그래서 천하에 귀한 것이다.

*(으레 닫혀 있기 마련인) 큰 문, 판단의 문.

제57장

구실* 붙여 나라를 다스리고
재간*才幹으로 군대는 부리지만
그 부림이 없어야 천하를 얻는다.
우리가 어떻게 그러함을 아는가?
꺼리고 피할 일이 많아질수록 백성은 점점 등을 돌리고
까다로운 법령이 많아질수록 국가는 혼란해진다.
사람들의 꾀가 많아지니 이상한 물건들도 많아지고
좋은 물건이 많아지니 도적도 많아진다.
그래서 성인(왕)이 말한다.
부림이 없으니 백성이 저절로 바뀌고
고요함을 즐기니 백성이 스스로 바르다.
일거리 없으니 백성이 저절로 넉넉하고
욕심낼 일 없으니 백성 스스로 소박하다.

---

*나라를 다스린다는 구실로 걷는 세금:구실 정(正=政)
*일을 잘 해내는 능력이나 솜씨, 재주

제58장

정치가 어눌할수록 그 백성들이 도타워지고
정치가 까다로워질수록 그 백성들이 야박해진다.
화禍에 복福이 기대어 있고
복福에 화禍가 숨어 있다.
누가 그 끝을 알겠는가? 정해져 있는 것은 없다.
바르다 싶으면 기울어지고, 잘한다 싶으면 요상해진다.
사람들의 어리석음이 오래도 가는구나!
그래서 성인은 모난 데가 있어도 가르지 않고
잘 추리되 잘라내지 않으며
솔직하되 멋대로 하지 않고
빛나지만 눈부시게 하지 않는다.

제59장

사람을 다스리고 자신을 닦는 데는
아끼는 것이 제일이다.
오로지 아끼는 것이 일찍이 도를 따르는 길이다.
일찍이 따른다는 것은 거듭 덕을 쌓는다는 것이다.
거듭 덕을 쌓으면 견뎌내지 못할 일이 없다.
견디지 못할 일이 없으니 그 한계를 알 수 없고
그 한계를 알 수 없으니 나라를 맡을 만하고
나라에 아끼는 어미가 있으니 오래 갈 수 있다.
이것이 바로 뿌리를 깊고 튼튼하게 하며
오래도록 길이 보고 사는 길道이다.

제60장

큰 나라 다스리기를 작은 생선 굽듯이 하라.*
도道로써 천하에 임하면
귀신도 무색해진다.
귀신이 신통함을 잃는다는 게 아니라
그 신통함도 사람을 해치지는 못한다는 것이다.
귀신이 사람을 해치지 못 할뿐 아니라
성인聖人 또한 사람을 해치지 못한다.
이 둘이 모두 사람을 해치지 못하니
그 덕德은 오로지 사람의 몫이다.

---

* 생선의 모양이 상하지 않게 조심하듯 백성을 아껴라.

제61장

큰 나라는 하류와 같다.
천하가 섞여 모이는 곳, 천하의 암컷이다.
암컷이 늘 고요함으로 수컷을 이기는 건
그 고요함으로 아래를 받치기 때문이다.
큰 나라도 작은 나라의 아래를 받쳐서
작은 나라를 얻는 것이고,
작은 나라도 큰 나라로 내리흐르니
큰 나라를 얻는 것이다.
이는 낮게 있어 얻어지는 것이기도 하고
낮추어서 얻는 것이기도 하다.
큰 나라는 사람들을 아울러 기르려 할 뿐이고
작은 나라는 사람들을 섬기려 할 뿐이니,
무릇 양쪽 모두 그 바라는 것을 얻고자 한다면
마땅히 자신을 낮추는 일이 먼저다.

제62장

도道란 만물에 흘러드는 것이니,
착한 사람들의 보배요
그렇지 못한 사람들도 지켜야 할 바이다.
그럴듯한 말로도 장사는 되고
위엄을 부리는 행동도 남에게 보탬은 되니
사람들에게 좋지 않은 점이라 해서
어찌 버릴 일이기만 하겠는가!
그러므로 천자를 세우고 삼공*三公을 둘 때
비록 큰 수레를 앞세우고 큰 옥을 바치더라도
마주 앉아 이 도道를 전하는 것만은 못하다.
예부터 이 도를 귀하게 여긴 까닭은 무엇인가?
도를 통해 구하면 얻게 되고,
죄에서도 벗어날 수 있기 때문이 아닐까?
그러므로 천하에 귀한 것이다.

*높은 벼슬로 태사, 대부, 태보. 정부의 주요 직책.

제63장

부림 없이 살고, 일없음을 일삼으며
맛없음을 맛본다.
작은 것을 크게, 적은 것을 많게 여기며
원한은 덕으로 갚는다.
어려운 일은 쉬울 때에 도모하고
큰일은 작게 시작한다.
천하의 어려운 일도 반드시 쉬운 일에서 시작되고
천하의 큰일도 반드시 작은 일에서 비롯된다.
바른 사람은 끝내 일을 크게 만들지 않으므로
능히 큰일을 이룬다.
무릇 가벼운 허락은 믿음이 덜하고
쉽게 하는 일은 반드시 어려움이 따른다.
그래서 성인은 모든 일을 어렵게 여기니
끝내 어려움이 없다.

제64장

편안할 때 지키기 쉽고, 낌새 없을 때 꾀하기 쉽다.
무를 때 가르기 쉽고, 자잘할 때 흩뜨리기 쉽다.
일이 생기기 전에 처리하고, 어지러워지기 전에 다스린다.
아름드리나무도 아주 작은 싹에서 나오고
9층 누각도 작은 흙더미부터 올라가며
천리 길도 한 걸음부터 시작한다.
억지로 하면 실패하고, 집착하면 잃게 된다.
바른 사람은 억지로 하지 않으니 망할 일 없고
집착하지 않으니 잃을 게 없다.
사람들이 일을 할 때, 흔히 다 되어가다 망치게 되니
시작할 때처럼 끝까지 조심해야 망치는 일 없다.
그래서 성인은 욕심 없기를 바라며
얻기 어려운 재화를 귀히 여기지 않는다.
가르지 않고 가르치며
사람들이 지나치는 것을 되짚는다.
만물이 스스로 그러함을 도울 뿐, 감히 부리려 하지 않는다.

제65장

옛날에 도를 잘 실천하는 자는
백성들을 깨우치려 들기보다는, 우직하도록 했다.
백성들을 다스리기 어려운 것은
약삭빠른 지식이 많은 탓이다.
그러한 지식으로 나라를 다스리면 나라의 도적이고
그 지식을 쓰지 않고 다스리면 나라의 복이다.
이 양쪽을 아는 것이 다스림의 법도이며
그 법도에 따르는 것을 현덕玄德이라 한다.
현덕은 깊고도 멀어 세상 이치와 다른 듯하나
그리해야 끝내 순조롭다.

제66장

강과 바다가 모든 골짜기의 왕이 될 수 있는 것은
잘 낮추어 있기 때문이다.
그러니 백성들을 받들고 싶다면
반드시 자신을 낮추어 말을 해야 하며,
백성들을 나아가게 하고 싶다면
반드시 자신을 뒤로 해야 한다.
그래야 성인(왕)이 위에 있게 되더라도
백성들이 무겁게 느끼지 않고,
앞에 서게 되더라도 백성들이 거추장스러워 하지 않고
천하가 즐겁게 밀어주며 싫어하지 않는다.
그렇게 다투지 않으니
천하가 그와 다툴 일 없다.

제67장

사람들이 내가 말하는 도道가 너무 커서 닮을 수 없다고 한다.
닮을 수 없으니, 오직 '크다' 고 하는 것이다.
닮을 수 있었다면, 이미 오래전에 자질구레해졌을 것이다.
나에겐 세 가지 보물이 있어, 잘 지키고 보듬는다.
첫째는 자애로움이고
둘째는 검소함이며
셋째는 감히 천하를 위한다고 앞에 나서지 않음이다.
자애롭기 때문에 용감할 수 있고
검소하기 때문에 널리 베풀 수 있으며
감히 천하에 앞서지 않기 때문에 인물됨을 크게 할 수 있다.
자애로움을 버린 채 용감해지려 하고
검소함을 버린 채 크게 베풀려 하며
뒤로 물러섬을 버린 채 먼저 나서려 한다면
그저 죽을 뿐이다.
무릇 자애로움으로 싸우면 이기고
자애로움으로 지키면 견고해진다.
누군가를 구하려 한다면 하늘도
자애로움으로 그를 지켜줄 것이다.

제68장

훌륭한 장수는 위세를 부리지 않고
싸움을 잘 하는 자는 성내지 않는다.
적을 잘 이기는 자는 맞붙지 않고
사람을 잘 쓰는 자는 자신을 낮춘다.
이를 다투지 않는 덕이라 하고
사람을 쓰는 힘이라 한다.
이게 바로 하늘과 짝이 되는 지극한 길이다.

제69장

용병술에 이런 말이 있다.
"싸움을 함부로 걸지 말고, 맞서는 자가 되며
한 치*[寸]라도 함부로 전진하기보다는
한 자[尺]를 물러서라."
이것이 움직이지 않고 나아감이며
팔을 쓰지 않고 휘저으며*
무기 없이 사로잡고, 맞서지 않고 물리침이다.
적을 가볍게 여기는 것보다 더 큰 화근은 없다.
적을 가볍게 여기면 이미 진 거다.
서로 군사를 일으켜 싸울 때는
슬퍼할 줄 아는 자가 이긴다.

---

*한 자(尺)의 10분의 1.
*싸울 일을 아예 만들지 않으며

제70장

올바른 말은 알기도 쉽고 행하기도 쉬운데
사람들은 도무지 알지도 못하고 행하지도 못한다.
말에는 종지*宗旨가 있고 일에는 원칙이 있지만
그걸 모르니 그 말을 알아듣지도 못한다.
스스로를 아는 자 드무니 스스로 귀하다.
성인은 허름한 베옷을 걸쳤지만 옥을 품고 있다.

---

*어떤 말이 전해져 내려오게 된 내력과 뜻.

제71장

모른다는 사실을 아는 것이 최상이고
모른다는 사실을 모르는 것이 병病이다.
성인이 병이 없는 것은
그 병을 병으로 알기에 병이 아닌 것이다.

제72장

백성들이 위엄을 두려워하지 않아야 참된 위엄이 선다.
그 사는 곳을 짓누르지 말고, 그 삶을 지겹게 하지 마라.
지겹게 하지 않아야 그들도 싫어하지 않는다.
바른 임금[聖人]은 스스로 알지만 드러내지 않으며
자신을 아끼지만 치켜세우진 않는다.
그 허울은 버리고 참됨을 지킨다.

제73장

빼앗는데 용감함은 죽임이고
빼앗지 않는 용감함은 살림이다.
이 두 가지는 이롭기도 하고 해롭기도 하니
하늘이 싫어하는 바를 누가 어떻게 알겠는가?
그래서 성인도 어려워한다.
하늘의 도는 다투지 않고도 잘 이기고
말하지 않아도 잘 응하며
부르지 않아도 저절로 오고, 느슨하나 잘 꾸린다.
하늘의 그물은 넓고도 넓어 성글지만 빠뜨림이 없다.

제74장

백성들이 죽음을 두려워하지 않고 항거를 하는데
죽이겠다고 겁을 준들 무슨 소용이 있겠는가?
백성들이 죽음을 두려워하면서도 항거를 하는데
그런 사람을 죽여도 되는가?
누가 감히 그럴 수 있는가?
죽음을 무릅쓰고 항거는 해도 누구나 죽음은 두렵기 마련.
그 죽임을 다루는 자는 엄연히 따로 있다.
누가 그를 대신하여 죽인다는 건
어설픈 자가 큰 목수 대신 나무를 깎는 것과 같다.
무릇 목수 대신 나무를 자르는 자가
그 손을 다치지 않는 일은 드물다.

제75장

백성들이 굶주리는 것은
위에서 너무 많은 세금을 거두어가기 때문이다.
백성을 다스리기 어려운 것은
위에서 부림을 일삼기 때문이다.
백성들이 죽음을 가볍게 여기는 것은
위에서 제 삶만 살찌우려 하기 때문이다.
오로지 삶에만 매달리지는 않는 것이*
제 살려고만 하는 것보다는 낫다.

---

*부국강병을 위해 세금을 가혹하게 거두거나 백성을 죽음으로 내몰지 않는 것.

제76장

사람이 살아있을 때는 부드럽고 약하지만
죽을 때는 뻣뻣하고 억세어진다.
만물 초목도 살아서는 부드럽고 여리지만
죽어서는 마르고 딱딱하다.
단단하고 억센 것은 죽어있는 무리이고
부드럽고 유연한 것은 살아있는 무리이다.
아무리 억센 병력도 거꾸러지고
억센 나무도 부러지기 마련이다.
그래서 강하고 큰 것은 아래로 하고
부드럽고 약한 것을 위로 한다.

제77장

하늘의 도는 마치 활을 당기는 것과 같다.
높은 것은 누르고, 낮은 것을 올리며
남은 것은 덜어내고, 모자란 것을 보탠다.
하늘의 도는 남은 것을 덜어내어 모자란 것에 보태는데
사람의 도는 그렇지 않아
모자란 데서 떼어 내 남는 곳에 바친다.
누가 남는 것을 천하에 보태는가?
오직 도리가 있는 자라야 그렇게 한다.
무엇을 위하고도 그것을 갖지 않으며
공을 이루고도 그 자리에 머물지 않고
제 잘났다 내세우지 않는다.

제78장

천하에 물보다 부드럽고 유연한 것이 없지만
아무리 굳세고 강한 것이라도 물을 이겨내지는 못한다.
이러한 이치는 바꿀 수 없다.
약함이 강함을 이기고 부드러움이 굳셈을 이긴다는 것을
세상이 모르지는 않으나, 그 이치를 실천하지 못한다.
그러므로 성인이 말하기를,
나라의 허물을 받아 안으니 사직의 주인이라 하고
나라의 재앙을 떠맡으니 천하의 왕이라 한다.
바른 말은 거꾸로 들린다.

제79장

큰 원한은 화해를 해도
반드시 그 찌꺼기를 남기니
어찌 잘했다 하겠는가?
그래서 성인은 채권을 가지고 있으나
빚진 자를 닦달하지 않는다.
덕 있는 사람은 계약서를 지니고만 있으나
덕 없는 사람은 거두기에 바쁘다.
하늘의 도는 편애함이 없이
늘 옳은 사람과 함께 한다.

제80장

나라는 작고 백성은 적은 게 좋다.
많은 도구가 있어도 쓸 일이 없고
백성들이 죽음을 어렵게 여겨 멀리 가지 않게 한다.
배와 수레가 있어도 탈 일이 없고
군대가 있어도 진 칠 일이 없으며
백성들이 문자 대신 다시 노끈을 묶어 쓴다.*
제 음식을 달게 여기고, 제 옷을 아름답게 여기며
제 사는 데를 편안히 여기고, 제 풍속을 즐겁게 여긴다.
이웃 나라가 서로 바라보이고
개 짖고 닭 우는 소리까지 들리지만,
그 백성들 늙어 죽기까지
굳이 서로 오고갈 일 없다.

---

*문자 이전 시대에 풀, 새끼줄, 노끈으로 매듭을 지어 의사를 전달하거나 약속을 맺음.

제81장

미더운 말은 꾸밈이 없고, 꾸민 말은 미덥지 않다.
잘 나누는 데는 말이 필요 없으니
따지는 말로는 잘 나눌 수 없다.
잘 아는 이는 많이 알지 않고
많이 아는 이는 잘 알지 못한다.
성인은 쌓아 두지 않음으로
이미 남을 위했으니 스스로 넉넉하고
이미 남과 함께 했으니 자기가 더 많은 셈이다.
하늘의 도는 가차 없으나 해롭지 않고
사람의 도는 위한다고 위하나
하늘의 도에는 어림도 없다.

도덕경 道德經 한문본 漢文本

*한자 원문은 통용본을 중심으로 하되, 백서본과 죽간본의 말이 더 적절하다고 여겨지는 곳에서는 먼저 받아들였습니다.
*빛살무늬 회원들이 갑골문을 공부하며 활동 과정에서 나온 작품들이 이 책 곳곳에 스며 있습니다.

第 1 章

道可道, 非常道 도가도, 비상도
名可名, 非常名 명가명, 비상명
無, 名天地之始 무, 명천지지시
有, 名萬物之母 유, 명만물지모
故常無, 欲以觀其妙 고상무, 욕이관기묘
　常有, 欲以觀其徼 상유, 욕이관기요
此兩者同, 出而異名 차양자동, 출이이명
同謂之玄 동위지현
玄之又玄 현지우현
衆妙之門 중묘지문

- 道도 = 𦘒 : 사슴의 머리를 그린 '머리 수(🦌, 🦌, 🦌=首)'와 '갈 착(🚶=辶)'을 더해 '(사슴이) 머리를 앞세워 가다, 혹은 늘 다니는 길'이라는 뜻을 나타낸 '길 도, 혹은 말할 도(𦘒=道)'.

  ☞ 사람들이 다니는 길도 처음엔 사슴 떼와 같은 짐승들이 먼저 만든 길이었으리라. '말할 도道'라고 쓰게 된 이유 또한 '사슴 등 짐승 떼의 우두머리가 함께 가야 할 어떤 길의 방향을 가리킬 때, 말을 하듯 그 뜻을 전했기 때문인 듯.

- 無무 = 𣎴 : 사람(大)이 양 손에 대나무 가지(𣎴)를 들고 춤을 추고 있는 모습(𣎴)으로 '무당이 자신을 잊고 신이 들려있는 상태'라는 뜻을 나타낸 '춤출 무, 없을 무無'.

- 有유 = 𠂇 : 손(𠂇)에 고기(月)를 쥔 모습(𠂇)으로 '뭔가를 가지고 있다'라는 뜻을 나타낸 '있을 유有'.

第2章

天下皆知美之爲美, 斯惡已 천하개지, 미지위미, 사오이
    皆知善之爲善, 斯不善已 개지선지위선, 사불선이
故有無相生, 難易相成 고유무상생, 난이상성
長短相形, 高下相傾 장단상형, 고하상경
音聲相和, 前後相隨 음성상화, 전후상수
是以聖人, 處無爲之事, 行不言之敎 시이성인, 처무위지사, 행불언지교
萬物作焉而弗始, 生而不有 만물작언이불시, 생이불유
爲而弗志, 功成而弗居 위이불지, 공성이불거
夫唯弗居, 是以不去 부유불거, 시이불거

• 爲위= 🐘 : 코끼리(🐘)의 코 위에 사람의 손(⌒=爫)을 그려 '코끼리를 길들이는 모습(🐘)'으로 '부리다, 혹은 ~ ~하게 하다'라는 뜻을 나타낸 '부릴 위, 하게 할 위爲'.
▶ 인위(人爲), 무위지사(無爲之事: 부림 없이 하는 일)

• 聖성= 𦕰 : 무릎을 바르게 펴고 선 사람의 모습 (㐀=壬)과 듣고(目=耳=) 말하다(ㅂ=口)라는 뜻을 더해 '바르게 듣고 바르게 말하는 사람, 혹은 그렇게 사는 옛날의 관리(무당, 제사장)'이라는 뜻을 나타낸 '성인 성聖'자.

• 音음= 𠶿 : 말씀 언(𠮷=言)과 같은 형태인데 '새김 칼(㇓)' 밑의 입(ㅂ)부분 안쪽에 점(-)을 찍은 모습(𠶿)'으로 바꾸어, '밖으로 나오지 않은 입 속에 들어 있는 말, 즉 말 이전의 소리'라는 뜻을 나타낸 '소리 음音'자.

• 聲성= 𦕈 : '매어 단 돌조각 때려서 소리를 내는 악기인 편경의 모습(𠁣)'으로 나타낸 '소리 성殸'에 '귀 이(耳=目)'를 다시 더해 만든 '들리는, 들려주는 소리 성聲'.

• 善선= 𦎧 : '새김 칼'의 뜻을 지닌 '매울 신(𠂇=辛)'과 '입 구(ㅂ)'를 더해 '칼로 새기듯 분명하게 말을 하다'라는 뜻을 나타낸 '말씀 언(𠮷=言)'자를 양쪽에 세운 모습(𦎧 𦎧)과 가운데에 '양 양(𦍌=羊)'을 놓은 모습(𦎧)'. '양을 어떻게 바칠 것인가 혹은 어떻게 나누어 먹는 게 좋은가를 토론해서 결정하다'는 뜻을 나타낸 '좋을 선, 착할 선善'

第3章

不尙賢, 使民不爭 불상현, 사민부쟁
不貴難得之貨, 使民不爲盜 불귀난득지화, 사민불위도
不見可欲, 使民心不亂 불견가욕, 사민심불란
是以聖人之治 시이성인지치
虛其心, 實其腹 허기심, 실기복
弱其志, 强其骨 약기지, 강기골
常使民無知無欲, 使夫智者不敢爲也 상사민무지무욕, 사부지자불감위야
爲無爲, 則無不治 위무위, 즉무불치

聽청 = 聖성

第4章

道沖而, 用之或不盈 도충이, 용지혹불영
淵兮, 似萬物之宗 연혜, 사만물지종
湛兮, 似或存 담혜, 사혹존
吾不知誰之子, 象帝之先 오부지수지자, 상제지선

소용돌이=태풍의 눈=블랙홀=은하계

- 沖충: '가운데 중中'과 '물 수氵'를 더해 '소용돌이치며 돌아가는 물의 한 가운데 있는 빈 공간'이라는 뜻을 나타내는 '물 소용돌이 충沖' 자.
  - ☞ 통상 '빌 沖충'자로 씁니다만, 실은 그냥 '텅 빈 공간'이 아니라 엄청난 태풍의 한가운데에 있는 지극히 고요한 그 눈처럼, 세차게 돌아 내려가는 물 소용돌이의 텅 빈 구멍처럼 태풍과 소용돌이의 처음과 끝이 함께 있는 핵심적인 공간이라는 뜻을 담고 있는 글자입니다.

- 帝제=乐, 帝: 위(二)에서 내려오는 3개의 선을 하나로 묶는 띠의 모양(乐), 거기에 '하나의 점(-)'을 더해 모든 것을 아울러 하나로 감싸며 온 세상천지를 주재하는 하느님과 같은 존재'라는 뜻을 나타낸 '띠 제(乐=帝), 혹은 '하나'로 묶는다는 뜻을 더욱 강조한 '임금 제(帝=帝)'

할머니의 도덕경 105

第5章

天地不仁, 以萬物爲芻狗 천지불인, 이만물위추구
聖人不仁, 以百姓爲芻狗 성인불인, 이백성위추구
天地之間 其猶橐籥乎 천지지간 기유탁약호
虛而不屈, 動而愈出 허이불굴, 동이유출
多言數窮, 不如守中 다언삭궁, 불여수중

第6章

谷神不死 곡신불사
是謂玄牝 시위현빈
玄牝之門 현빈지문
是謂天地之根 시위천지지근
綿綿若存 면면약존
用之不勤 용지불근

第7章

天長地久 천장지구
天地所以能長且久者 천지소이능장차구자
以其不自生 이기부자생
故能長生 고능장생
是以聖人 後其身而身先 시이성인 후기신이신선
外其身而身存 외기신이신존
非以其無私邪 비이기무사야
故能成其私 고능성기사

: 아이를 밴 여자의 모습
'아이를 밴 여자의 몸(身)' 혹은 뱃속에 아기가 들었다는 표시로 '점(丶)'까지 찍어서 나타낸 '애 밸 신 혹은 몸 신身'.
※ 몸을 하다 : 아기를 배다.

- 身신 = 身, 身, 身 '아이를 밴 여자의 몸(身)', 혹은 뱃속에 아기가 들었다는 표시로 '점(丶)'을 찍은 모습(身)으로 나타낸 '애 밸 신 혹은 몸 신身'. '뼈 골骨'에 '살 찔 풍豊'을 더해 만든 '몸뚱이 체體'와는 달리 '생명의 몸, 혹은 스스로의 몸'이라는 뜻을 나타낸 '몸소 신身'

第 8 章

上善若水 상선약수
水善利萬物而不爭, 處衆人之所惡 수선리만물이부쟁, 처중인지소오
故幾於道 고기어도
居善地, 心善淵, 與善天, 言善信, 거선지, 심선연, 여선천, 언선신,
正善治, 事善能, 動善時 정선치, 사선능, 동선시
夫唯不爭, 故無尤 부유부쟁, 고무우

第9章

持而盈之, 不如其已 지이영지, 불여기이
揣而銳之, 不可長保 췌이예지, 불가장보
金玉滿堂, 莫之能守 금옥만당, 막지능수
富貴而驕, 自遺其咎 부귀이교, 자유기구
功遂身退, 天之道也 공수신퇴, 천지도야

- 하늘의 도는 비우는 것이기 때문에 자신의 역할이 끝나면 미련 없이 물러난다. 그런데 사람의 도는 비우지를 못해 자신의 역할이 끝나도 욕심을 부리며 더욱더 유지하려고 한다. 사람들이 영원할 수 없는 것은 바로 자신의 마음을 비우지 못하는 욕심 때문은 아닐까?

第 10 章

載營魄抱一, 能無離乎 재영백포일, 능무리호
　專氣致柔, 能嬰兒乎 전기치유, 능영아호
　滌除玄覽, 能無疵乎 척제현람, 능무자호
　愛民治國, 能無爲乎 애민치국, 능무위호
　天門開闔, 能無雌乎 천문개합, 능무자호
　明白四達, 能無知乎 명백사달, 능무지호

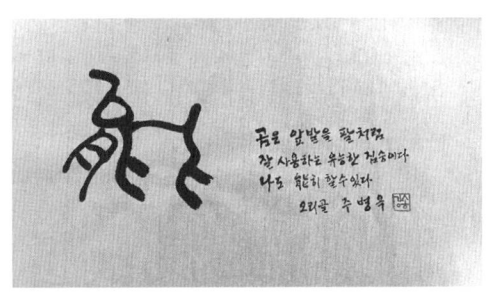

• 能능 = :앞발을 팔처럼 잘 쓸 수 있는 곰을 그린 모습이었으나 후에 웅熊자가 다시 생겼음.

第 11 章

三十輻共一轂 삼십폭공일곡
當其無, 有車之用 당기무, 유차지용
埏埴以爲器 연식이위기
當其無, 有器之用 당기무, 유기지용
鑿戶牖以爲室 착호유이위실
當其無, 有室之用 당기무, 유실지용
故有之以爲利, 無之以爲用 고유지이위리, 무지이위용

- 有之以爲利, 無之以爲用 : 有는 無가 아니면 이로움을 사용할 길이 없고, 無는 有가 아니면 그 효용을 이룰 방법이 없다.

第 12 章

五色令人目盲 오색령인목맹
五音令人耳聾 오음령인이롱
五味令人口爽 오미령인구상
馳騁畋獵令人心發狂 치빙전렵령인심발광
難得之貨令人行妨 난득지화령인행방
是以聖人爲腹, 不爲目 시이성인위복, 불위목
故去彼取此 고거피취차

- 去거 = 𠔃 '서 있는 사람의 모습'을 그린 '큰 대(大= 大)'와 '사람의 가랑이 사이에 오줌구멍이나 똥구멍'을 뜻하는 '(거꾸로 된) 입 구(口= ロ)'를 더한 모습(𠔃)으로 '오줌이나 똥을 싸다, 싸버리다, 혹은 버리고 가다'라는 뜻을 나타낸 '버릴 거 혹은 버리고 갈 거去'.

- 彼피: '가죽 피(皮)'와 '걸을 척(彳=行)'을 더해 '저 바깥(곁)'이라는 뜻을 나타낸 '저 피彼'.

- 此차 = 𣥂: '발 지(止)'와 '사람 인(𠤎)'을 더해 '발걸음을 떼려고 막 일어서는 참(순간), 지금 여기'라는 뜻을 나타낸 '이(참) 차(此)'

第 13 章

寵辱若驚 총욕약경

貴大患若身 귀대환약신

何謂寵辱若驚, 寵爲下 하위총욕약경, 총위하

得之若驚, 失之若驚 득지약경, 실지약경

是謂寵辱若驚 시위총욕약경

何謂貴大患若身 하위귀대환약신

吾所以有大患者, 爲吾有身 오소이유대환자, 위오유신

及吾無身, 吾有何患 급오무신, 오유하환

故貴以身爲天下, 若可寄天下 고귀이신위천하, 약가기천하

　愛以身爲天下, 若可託天下 애이신위천하, 약가탁천하

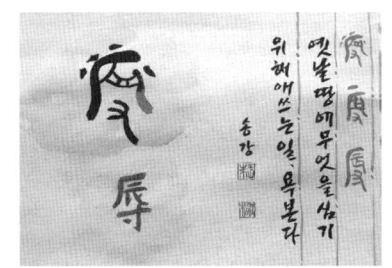

- **辱**욕 = 🐚: '조개가 갯벌 혹은 모래를 파고 들어가는 모습'의 '조개 신辰'과 동작을 나타내는 기호 '(손)마디 촌寸'을 더해 '땅을 파다, 애쓰다(욕보다)'라는 뜻을 나타낸 '욕볼 욕辱'.

\# 욕辱을 귀하게, 총寵은 아래 것으로.

第14章

視之弗見, 名曰微 시지불견, 명왈미
聽之弗聞, 名曰希 청지불문, 명왈희
搏之弗得, 名曰夷 박지불득, 명왈이
此三者 不可致詰, 故混而爲一 차삼자 불가치힐, 고혼이위일
一者 其上不皦, 其下不昧 일자 기상불교, 기하불매
繩繩兮不可名, 復歸於無物 승승혜불가명, 복귀어무물
是謂無狀之狀, 無物之象 시위무상지상, 무물지상
是謂惚恍 시위홀황
迎之不見其首, 隨之不見其後 영지불견기수, 수지불견기후
執古之道, 以御今之有 집고지도, 이어금지유
能知古始, 是謂道紀 능지고시, 시위도기

• 御^어 = : '갈 척彳'과 딱딱하고 뻣뻣한(다루기 어려운) 것을 빻아서 부드럽게 풀다'라는 뜻을 지닌 '풀 사卸'를 더해 '짐승을 길들이다, 말을 몰다, 다스리다' 등의 뜻을 나타낸 '길들일 어, 다스릴 어御'

第 15 章

古之善爲士者, 微妙玄通, 深不可識 고지선위사자, 미묘현통, 심불가식
夫唯不可識, 故强爲之容 부유불가식, 고강위지용
豫焉若冬涉川, 猶兮若畏四隣 예언약동섭천, 유혜약외사린
儼兮其若客, 渙兮其若凌釋 엄혜기약객, 환혜기약능석
敦兮其若樸, 曠兮其若谷, 混兮其若濁 돈혜기약박, 광혜기약곡, 혼혜기약탁
孰能濁以靜之徐淸, 숙능탁이정지서청
孰能安以動之徐生 숙능안이동지서생
保此道者, 不欲盈 보차도자, 불욕영
夫唯不盈, 故能蔽而不(新)成 부유불영, 고능폐이불(신)성

- 成성= � : '나무를 깎는데 쓰는 자귀를 그린' 자귀 무(戊= 㭑)'자에 '열 십(丨, ♦)'을 더해 '여러 차례 깎고 다듬어 무엇인가를 이루어가다'라는 뜻을 나타낸 '다듬을 성成, 혹은 이룰 성成'

\# 원래 成성자는 '다듬다, 이루어 가다'라는 진행형 동사의 뜻이었습니다만, 언젠가부터 흔히 '완성, 성공'에서처럼 '다 이루었다'라는 뜻으로 쓰게 되었기 때문에 여기서의 '不成'은 不新成불신성, 혹은 불완성不完成, 즉 '(끝없이 다듬어 갈 뿐) 완성하지 않는다.'로 해석되어야 할 듯 합니다.

第 16 章

至虛, 恒也. 守中, 篤也. 지허, 항야, 수중, 독야.(백서본)
(致虛極, 守靜篤) 치허극, 수정독(왕필본)
萬物竝作, 吾以觀復 만물병작, 오이관복
夫物芸芸, 各復歸其根 부물운운, 각복귀기근
歸根曰靜, 是謂復命 귀근왈정, 시위복명
復命曰常, 知常曰明 복명왈상, 지상왈명
不知常, 妄作凶 부지상, 망작흉
知常容, 容乃公 지상용, 용내공
公乃全, 全乃天 공내전, 전내천
天乃道. 천내도
道乃久, 沒身不殆 도내구, 몰신불태

- 恒항 = ㄷ日, 恆 '달(日)'이 천지 사이를 일정한 기간(一)에 늘 왔다 갔다 하는 모습 (日)'과 '마음 심(ㄷ=心)'을 더해 '언제나 한결같은 마음'이라는 뜻을 나타낸 '한결같을 항, 늘 항(恒)'

第 17 章

太上, 下知有之 태상 부지유지
其次, 親而譽之 기차 친이예지
其次, 畏之 기차 외지
其次, 侮之 기차 모지
信不足焉, 安有不信 신부족언, 안유불신
悠兮, 其貴言 유혜, 기귀언
功成事遂, 百姓皆謂我自然 공성사수, 백성개위아자연

- 貴귀 = 𦣞 = 賏 : '갓 올라오는 새싹(Ω)을 두 손(𦥑)으로 귀여워하는 모습으로 나타낸 우리말 한자漢字, '아끼고 귀하게 여기다'라는 뜻을 나타낸 '귀할 귀貴'.

'새싹을 아끼고 귀여워 할 귀(𦣞 = 臾)'자가 지금은 재물을 뜻하는 '조개 패(貝=貝)'가 더해지면서 '귀한 재물과 돈'이라는 뜻으로 바뀐 '귀할 귀貴'자가 되었습니다만...

第 18 章

大道廢, 有仁義 대도폐, 유인의
智慧出, 有大僞 지혜출, 유대위
六親不和, 有孝慈 육친불화, 유효자
國家昏亂, 有忠臣 국가혼란, 유충신

第 19 章

絶智棄辯, 民利百倍 절지기변 , 민리백배
絶巧棄利, 盜賊無有 절교기리, 도적무유
絶僞棄慮, 民復孝慈 절위기려, 민복효자(곽점죽간본에 따름)
此三者, 以爲文, 不足 차삼자, 이위문, 부족
故令有所屬 고령유소속
見素抱樸, 少私寡欲 견소포박, 소사과욕

- '文'자는 '무늬'라는 우리말의 '몸에 그린 무늬나 글'이라는 뜻으로 만들어진 '우리말 한자漢字'이며, 그 증거가 바로 중국이나 일본에는 없는 우리말의 '무늬(문)'라는 말입니다. 여러 종족種族들이 저마다의 상징이나 이름 혹은 자신만의 어떤 의사나 의지를 자신의 몸에 그려서(꾸며서) 나타낸 것으로, 결국 '글자 이전의 그림(무늬)'이었을 것입니다.

第20章

絕學無憂 절학무우
唯之與阿, 相去幾何 유지여아, 상거기하
美之與惡, 相去若何 미지여오, 상거약하
人之所畏, 不可不畏人 인지소외, 불가불외인
荒兮, 其未央哉 황혜, 기미앙재
衆人熙熙, 如享太牢 중인희희, 여향태뢰
如春登臺, 我獨泊兮, 其未兆 여춘등대, 아독박혜, 기미조
如嬰兒之未孩, 儽儽兮, 若無所歸 여영아지미해, 루루혜, 약무소귀
衆人皆有餘, 而我獨若遺 중인개유여, 이아독약유
我愚人之心也哉, 沌沌兮 아우인지심야재, 돈돈혜
俗人昭昭, 我獨昏昏 속인소소, 아독혼혼
俗人察察, 我獨悶悶 속인찰찰, 아독민민
澹兮其若海, 飂兮若無止 담혜기약해, 료혜약무지
衆人皆有以, 而我獨頑似鄙 중인개유이, 이아독완사비
我獨異於人, 而貴食母 아독이어인, 이귀식모

第 21 章

孔德之容, 惟道是從 공덕지용, 유도시종
道之爲物, 惟恍惟惚 도지위물, 유황유홀
惚兮恍兮, 其中有象 홀혜황혜, 기중유상
恍兮惚兮, 其中有物 황혜홀혜, 기중유물
窈兮冥兮, 其中有精 요혜명혜, 기중유정
其精甚眞, 其中有信 기정심진, 기중유신
自古及今, 其名不去, 以閱衆甫 자고급금, 기명불거, 이열중보
吾何以知衆甫之狀哉? 오하이지중보지상재
以此 이차

第 22 章

曲則全, 枉則直 곡즉전, 왕즉직
窪則盈, 幣則新 와즉영, 폐즉신
少則得, 多則惑 소즉득, 다즉혹
是以聖人 抱一爲天下式 시이성인 포일위천하식
不自見 故明, 不自是 故彰 부자견 고명, 부자시 고창
不自伐 故有功, 不自矜 故長 부자벌 고유공, 부자긍 고장
夫唯不爭 부유부쟁
故天下莫能與之爭 고천하막능여지쟁
古之所謂曲則全者, 豈虛言哉? 고지소위곡즉전자, 기허언재
誠全而歸之 성전이귀지

• 밝음의 明(日月, 명)

'밝다'의 '明'에는 해와 달이 함께 있습니다. 해만으로도 충분히 밝은데 왜 밤을 상징하는 달을 같이 쓰고 '밝다'라고 했을까요? 동트기 전, 여전히 사위는 어두운데 어느 순간 하늘은 어두운 먹색에서 푸르게 바뀌어 갑니다. 밤과 낮, 낮과 밤 그 사이. 해와 달이, 밝음과 어둠이 한 하늘에서 묘하게 만나지는 시간. 그래서 낮도 아니고 밤도 아닌, 낮이기도 하고 밤이기도 한, 그 어느 쪽에도 치우치지 않는 그런 시간입니다. 우리 조상들은 바로 이 시간에 우리의 영혼이 맑아지고 마음이 밝아진다고 생각했습니다.

第 23 章

希言自然 희언자연
故飄風不終朝, 驟雨不終日 고표풍부종조, 취우부종일
孰爲此者? 天地 숙위차자 천지
天地尙不能久, 而況於人乎! 천지상불능구, 이황어인호
故從事於道者, 同於道 고종사어도자, 동어도
德者, 同於德 덕자, 동어덕
失者, 同於失 실자, 동어실
同於道者, 道亦樂得之 동어도자, 도역락득지
同於德者, 德亦樂得之 동어덕자, 덕역락득지
同於失者, 失亦樂得之 동어실자, 실역락득지

• 천지자연이 하는 '광풍'이나 '폭우'도 하루를 넘기지 못하는데, 인간이 설정한 의미 체계, 가치관, 제도와 같이 언어화되어 있는 것들이 가야 얼마나 갈까?

第24章

企者不立, 跨者不行 기자불립, 과자불행
自見者不明, 自是者不彰 자견자불명, 자시자불창
自伐者無功, 自矜者不長 자벌자무공, 자긍자부장
其在道也, 曰餘食贅行 기재도야, 왈여식췌행
物或惡之, 故有道者不處 물혹오지, 고유도자불처

• 企기= : '서 있는 사람( )과 아래쪽에 발( )을 강조해서 그린 모습'으로 '사람이 발돋움을 하고 서서 먼 곳을 바라보며 무엇인가를 궁리하는 모습( )'으로 나타낸 '발돋움 할 기, 바랄 기, 꾀할 기企'.

第 25 章

有物混成, 先天地生 유물혼성, 선천지생
寂兮寥兮, 獨立而不改 적혜요혜, 독립(이)불개
周行而不殆, 可以爲天下母 주행이불태, 가이위천하모
吾不知其名, 强字之曰道, 强爲之名曰大
오부지기명, 강자지왈도, 강위지명왈대
大曰逝, 逝曰遠, 遠曰反 대왈서, 서왈원, 원왈반
故道大, 天大, 地大, 王亦大 고도대, 천대, 지대, 왕역대
域中有四大, 而王居其一焉 역중유사대, 이왕거기일언
人法地, 地法天, 天法道, 道法自然 인법지, 지법천, 천법도, 도법자연

- 王왕 = 王 : 당당하게 손과 발을 벌리고 서있는 사람 (天, 大)이 하늘과 땅(二) 사이에 서있는 모습(王)으로 '땅 위에 서서 하늘을 이고 있는 당당한 사람'이라는 뜻으로 만들어진 '임금 왕王'자.

第 26 章

重爲輕根, 靜爲躁君 중위경근, 정위조군
是以聖人終日行, 不離輜重 시이성인종일행, 불리치중
雖有榮觀, 燕處超然 수유영관, 연처초연
奈何萬乘之主, 而以身輕天下 내하만승지주, 이이신경천하
輕則失本, 躁則失君 경즉실본, 조즉실군

- 虎호 = 𧆑, 𧇄, 𧇂 : 호랑이를 그린 '호랑이 호(虎)'자.

- 處처 = 𠂆, 𠁣 : 발(止)을 강조해서 그린 호랑이(𧆼)가 안석(几)위에 걸터앉아 있는 모습(𠂆)으로 '호랑이가 제 집에서 쉬듯이 지낼 수 있는 곳'이라는 뜻을 나타낸 '살 처, 머무를 처, 쉴 처(處)'.

  ☞ 이 장에서는 聖人(성인, 관리), 萬乘之主(만승지주, 주인), 君(군, 임금)이 하나의 뜻으로 이어졌다.

第 27 章

善行無轍迹, 善言無瑕謫 선행무철적, 선언무하적
善數不用籌策, 善閉無關楗而不可開, 善結無繩約而不可解
선수불용주책, 선폐무관건이불가개, 선결무승약이불가해
是以聖人常善救人, 故無棄人 시이성인상선구인, 고무기인
常善救物, 故無棄物 상선구물, 고무기물
是謂襲明 시위습명
故善人者, 不善人之師 고선인자, 불선인지사
不善人者, 善人之資 불선인자, 선인지자
不貴其師, 不愛其資, 雖智大迷 불귀기사, 불애기자, 수지대미
是謂要妙 시위요묘

第28章

知其雄, 守其雌, 爲天下谿 지기웅, 수기자, 위천하계

爲天下谿, 常德不離, 復歸於嬰兒 위천하계, 상덕불리, 복귀어영아

知其白, 守其黑, 爲天下式 지기백, 수기흑, 위천하식

爲天下式, 常德不忒, 復歸於無極 위천하식, 상덕불특, 복귀어무극

知其榮, 守其辱, 爲天下谷 지기영, 수기욕, 위천하곡

爲天下谷, 常德乃足, 復歸於樸 위천하곡, 상덕내족, 복귀어박

樸散則爲器, 聖人用之, 則爲官長 박산즉위기, 성인용지, 즉위관장

故大制不割 고대제불할

- 노자 : 하夏나라(BC 2,070~1,600년)와 상商, 은殷 문명을 모델, 모계사회, 여성성(계곡, 여성의 성기, 모성 등), 물(禹임금과 치수治水), 검은색, 소박함, 겸손, 검소함, 忠과 信을 숭상, 우박愚撲(朴)숭상, 지배권 선양禪讓, 堯요 → 舜순 → 禹우 임금.

- 공자 : 주(周, BC1046~256)나라 문명을 모델, 부계사회, 태양 숭배, 백색(태양의 색으로 이해), 강건함, 굳셈, 수컷, 밝음, 영광, 종법宗法 제도.

第 29 章

將欲取天下而爲之, 吾見其不得已 장욕취천하이위지, 오견기부득이
天下神器, 不可爲也 천하신기, 불가위야
爲者敗之, 執者失之 위자패지, 집자실지
故物或行或隨, 或歔或吹 고물혹행혹수, 혹허혹취
或强或羸, 或培或墮 혹강혹리, 혹배혹휴
是以聖人, 去甚去奢去泰 시이성인, 거심거사거태

• 泰태 = 🗻, 🗻 : 처음엔 '사람(大 =大)'이 물에 몸을 담그고 느긋하게 누워있는 모습(🗻)으로 편안하다'라는 뜻을 나타냈는데, 그 후 '큰 대(大= 大)'와 '물 수(水= 水)' 그리고 '함께 하다'라는 뜻의'두 손(𦥑)'을 더해 태산泰山이나 천하태평天下泰平에서처럼 '아주 크게 편안하다'라는 뜻으로 쓰이게 된 '편안할 태, 혹은 클 태泰'인데, 여기서는 지나친 편안함, 즉 태만함의 뜻으로 쓰였음.

第30章

以道佐人主者, 不以兵强天下 이도좌인주자, 불이병강천하
其事好還 기사호환
師之所處, 荊棘生焉 사지소처, 형극생언
大軍之後, 必有凶年 대군지후, 필유흉년
善者果而已, 不敢以取强 선자과이이, 불감이취강
果而勿矜, 果而勿伐, 果而勿驕 과이물긍, 과이물벌, 과이물교
果而不得已 과이부득이
是謂果而勿强 시이과이물강
物壯則老, 是謂不道 물장즉로, 시위부도
不道早已 부도조이

第31章

夫(佳)兵者, 不祥之器 부가병자, 불상지기
物或惡之, 故有道者不處 물혹오지, 고유도자불처
君子居則貴左, 用兵則貴右 군자거즉귀좌, 용병즉귀우
兵者不祥之器, 非君子之器 병자불상지기, 비군자지기
不得已而用之, 恬淡爲上 부득이이용지, 염담위상
勝而不美, 而美之者, 是樂殺人 승이불미, 이미지자, 시락살인
夫樂殺人者, 則不可得志於天下矣 부락살인자, 즉불가득지어천하의
吉事尙左, 凶事尙右 길사상좌, 흉사상우
偏將軍*居左, 上將軍*居右 편장군거좌, 상장군거우
言以喪禮處之 언이상례처지
殺人之衆, 以哀悲泣之 살인지중, 이애비읍지
戰勝以喪禮*處之 전승이상례처지

---

* 偏將軍 - 부장군(副將軍)
* 上將軍 - 대장군(大將軍)
* 상례(喪禮) : 상중(喪中)에 지키는 모든 예절

第32章

道常無名 도상무명
樸雖小, 天下莫能臣也 박수소, 천하막능신야
侯王若能守之, 萬物將自賓 후왕약능수지, 만물장자빈
天地相合, 以降甘露 천지상합, 이강감로
民莫之令而自均 민막지령이자균
始制有名 시제유명
名亦旣有, 夫亦將知止 명역기유, 부역장지지
知止, 可以不殆 지지, 가이불태
譬道之在天下, 猶川谷之於江海 비도지재천하, 유천곡지어강해

第33章

知人者智, 自知者明 지인자지, 자지자명
勝人者有力, 自勝者强 승인자유력, 자승자강
知足者富, 强行者有志 지족자부, 강행자유지
不失其所者久 불실기소자구
死而不亡者壽 사이불망자수

- 亡망 = 亾, 亾: 벽을 세워 무엇인가를 가리는 (숨기는) 모습으로 나타낸 '숨을 은亾'과 '사람 인人'을 더해 '안 보이다, 혹은 없어지다'라는 뜻을 나타낸 '안 보일 망, 없어질 망亡'.
- 忘망: '없어질 망亡'과 '마음 심心'을 더해 '마음에서 없어지다'라는 뜻을 나타낸 '잊을 망忘'.

第34章

大道氾兮, 其可左右 대도범혜, 기가좌우
萬物恃之以生而不辭 만물시지이생이불사
功成不名有 공성불명유
衣養萬物而不爲主 의양만물이불위주
常無欲, 可名於小 상무욕, 가명어소
萬物歸焉, 而不爲主, 可名於大 만물귀언, 이불위주, 가명어대
以其終不自爲大 이기종부자위대
故能成其大 고능성기대

第 35 章

執大象, 天下往 집대상, 천하왕
往而不害, 安平太 왕이불해, 안평태
樂與餌, 過客止 락여이, 과객지
道之出言, 淡乎其無味 도지출언, 담호기무미
視之不足見, 聽之不足聞, 用之不足旣 시지부족견, 청지부족문, 용지부족기

- 往왕 = ᙭, ᙭: '임금 왕(王= 大)과 발 지(止= ᙭)'를 더해 '왕처럼 거침없이 다니다'라는 뜻을 나타낸 글자였는데, 후대에 '᙭'을 '᙭ =主'로 잘못 쓰게 된 '(왕처럼) 갈 왕往'.

第36章

將欲歙之, 必固張之 장욕흡지, 필고장지
將欲弱之, 必固强之 장욕약지, 필고강지
將欲廢之, 必固興之 장욕폐지, 필고흥지
將欲奪之, 必固與之 장욕탈지, 필고여지
是謂微明 시위미명
柔弱勝剛强 유약승강강
魚不可脫於淵 어불가탈어연
國之利器 不可以示人 국지리기 불가이시인

• 微미 : '천의 양쪽 끝에 생기는 보일 듯 말 듯 아주 작은 보푸라기의 모습(耑)'과 '걸을 척彳', 그리고 '~하게 하다'라는 뜻의 동사 부호로 쓰는 '칠 복攵'을 더해 '보일 듯 말 듯 하게 작은 것, 혹은 잘 모르게 가다(진행되다)'라는 뜻을 나타낸 '아주 작을 微'

☞ 微明미명 : 보일 듯 말 듯 다가오는 어둠 속의 밝음

第 37 章

道常無爲而無不爲 도상무위이무불위
侯王若能守之, 萬物將自化 후왕약능수지, 만물장자화
化而欲作, 吾將鎭之以無名之樸 화이욕작, 오장진지이무명지박
無名之樸, 夫亦將無欲 무명지박, 부역장무욕
不欲以靜, 天下將自定 불욕이정, 천하장자정

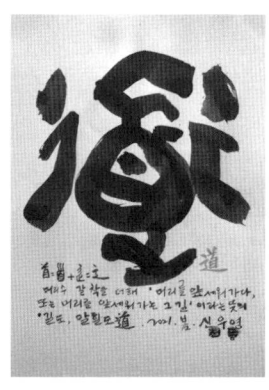

저절로 도는 세상

第38章

上德不德, 是以有德 상덕부덕, 시이유덕
下德不失德, 是以無德 하덕불실덕, 시이무덕
上德無爲而無以爲 상덕무위이무이위
上仁爲之而有以爲 상인위지이유이위
上義爲之而有以爲 상의위지이유이위
上禮爲之而莫之應, 則攘臂而扔之 상례위지이막지응, 즉양비이잉지
故失道而後德, 失德而後仁 고실도이후덕, 실덕이후인
失仁而後義, 失義而後禮 실인이후의, 실의이후례
夫禮者, 忠信之薄, 而亂之首也 부례자, 충신지박, 이란지수야
前識者, 道之華, 而愚之始也 전식자, 도지화, 이우지시야
是以大丈夫處其厚, 不居其薄 시이대장부처기후, 불거기박
　　　　處其實, 不居其華 처기실, 불거기화
故去彼取此 고거피취차

第 39 章

昔之得一者 석지득일자
天得一以淸, 地得一以寧 천득일이청, 지득일이녕
神得一以靈, 谷得一以盈 신득일이령, 곡득일이영
萬物得一以生, 侯王得一以爲天下貞 만물득일이생, 후왕득일이위천하정
其致之一也 기치지일야
天無已淸將恐裂, 地無已寧將恐發, 神無已靈將恐歇
천무이청장공렬, 지무이녕장공발, 신무이령장공헐
谷無已盈將恐竭 곡무이영장공갈
萬物無已生將恐滅 만물무이생장공멸
侯王無已貴高將恐蹶 후왕무이귀고장공궐
故貴以賤爲本, 高以下爲基 고귀이천위본, 고이하위기
(故 必貴矣 而以賤爲本, 必高矣 而以下爲基 – 백서본)
是以侯王自謂 孤寡不穀 시이후왕자위 고과불곡
此非以賤爲本邪, 非乎? 차비이천위본야, 비호
故致數輿無輿 고치삭여무여
不欲琭琭如玉, 珞珞如石 불욕록록여옥, 력력여석

第40章

反者, 道之動 반자, 도지동
弱者, 道之用 약자, 도지용
天下萬物生於有 천하만물생어유
有生於無 유생어무

道도 = 德덕

• 反반 = 反, 反 : 위쪽이 덮여있는 절벽(厂)이나 큰 바위 밑(厂)을 나타낸 '덮을 엄厂'과 '손 수(手=又)'를 더해 '덮는 손, 손을 뒤집다'라는 뜻을 나타낸 '뒤집을 반反'인데, 여기서는 '뒤집을 반反'과 '걸을 착辶'을 더해 만든 '돌이켜 갈 반返'으로 쓰였음.

第41章

上士聞道, 勤而行之 상사문도, 근이행지
中士聞道, 若存若亡 중사문도, 약존약망
下士聞道, 大笑之 하사문도, 대소지
不笑不足以爲道 불소부족이위도
故建言有之 고건언유지
明道若昧, 進道若退 명도약매, 진도약퇴
夷道若纇, 上德若谷 이도약뢰, 상덕약곡
大白若辱, 廣德若不足 대백약욕, 광덕약부족
建德若偸, 質眞若渝 건덕약투, 질진약유
大方無隅, 大器免成 대방무우, 대기면성
大音希聲, 大象無形 대음희성, 대상무형
道隱無名 도은무명
夫唯道, 善始且善成 부유도, 선시차선성

- 免면 = 兔: 쪼그리고 앉은 사람(㔾)과 벌린 사타구니(⊟) 그리고 무엇인가가 나오다(ㄦ)라는 뜻을 더한 모습(兔)으로 '(여자의 몸에서) 아기가 나오다(벗어나다), 아기를 낳다'라는 뜻을 나타낸 '벗어날 면, 혹은 아기 낳을 면兔'.

- 娩만: '아기 낳을 면 혹은 벗어날 면兔'이 주로 '벗어날 면兔'으로만 쓰이게 되자 '아기를 낳다'라는 뜻을 살리기 위해 '계집 녀女'를 더해 다시 만든 '아기 낳을 만娩'.

• 晩만 = 𒀭 : '아기 낳을 면兔'과 '시간(날짜)'의 뜻을 지닌 '날 일日'을 더해 '(아기가 나오려면 워낙 오랫동안 애를 써야 하고, 또 같이 기다려야 되는 일이이기도 하다 보니) 왜 빨리 안 나오고 이렇게 늦어지나 하는 마음이 들다'라는 뜻에서 나오게 된 '늦을 만 혹은 (해)저물 만晩'.

☞ 노자 도덕경의 원본 중 하나인 백서(帛書:비단에 쓰여 있는)에 나오는 '대기만성(大器晩成)'의 '=晩만'자를 보면, '어미의 (어두운) 자궁 속에서 아기가 나오는 모습'을 마치 '어둠 속에서 붉은 해가 솟아 나오는듯한 모습'으로 나타내려고 했다는 느낌이 든다는 말입니다. 그냥 '늦어질 만晩'으로만 보기에는 아무래도 문제가 있습니다. '대기大器'라는 말도 단지 그 형태의 크기만을 말한다기보다는 그 담아야 할 것이 크거나 작거나, 혹은 뜨겁거나 차갑거나 간에 무엇이든 담아낼 수 있는 참으로 그 '품어 안음'이 큰 그릇을 말한다고 보입니다.

결국 '대기면성大器免成'이라는 말은 '사람의 큰 그릇이란 (그냥 늦게 만들어지는 게 아니라) 아이들이 늘 새롭게 태어나듯, 그리고 매일 아침 해가 새 날을 밝혀주듯 언제나 새롭게 거듭나며 만들어진다'라는 뜻으로 여겨진다는 것입니다.

• 大器晩成(대기만성, 왕필본), 大器免成(대기면성, 백서본)

第 42 章

道生一, 一生二, 二生三, 三生萬物 도생일, 일생이, 이생삼, 삼생만물
萬物負陰而抱陽, 沖氣以爲和 만물부음이포양, 충기이위화
人之所惡, 唯孤寡不穀 인지소오, 유고과불곡
而王公以爲稱 이왕공이위칭
故物或損之而益, 或益之而損 고물혹손지이익, 혹익지이손
人之所敎, 我亦敎之 인지소교, 아역교지
强梁者不得其死 강량자부득기사
吾將以爲敎父 오장이위교부

- '道生一, 一生二, 二生三, 三生萬物.' 천부경(天符經)의 '天一一地一二人一三, 一積十鉅無匱化三(일적십거무궤화삼)'과 연관 지어보기

第 43 章

天下之至柔 천하지지유
馳騁天下之至堅 치빙천하지지견
無有入無間 무유입무간
吾是以知無爲之有益 오시이지무위지유익
不言之敎, 無爲之益 불언지교, 무위지익
天下希及之 천하희급지

• 부림 없음(無爲)과 부드러움은 어떻게 이어지는가?

第44章

名與身孰親 명여신숙친
身與貨孰多 신여화숙다
得與亡孰病 득여망숙병
是故甚愛必大費 시고심애필대비
多藏必厚亡 다장필후망
知足不辱, 知止不殆 지족불욕, 지지불태
可以長久 가이장구

第 45 章

大成若缺, 其用不弊 대성약결, 기용불폐
大盈若沖, 其用不窮 대영약충, 기용불궁
大直若屈, 大巧若拙, 大辯若訥 대직약굴, 대교약졸, 대변약눌
躁勝寒, 靜勝熱 조승한, 정승열
淸靜爲天下正 청정위천하정

- 尸시 = ⺃ : 사람이 앉으려 하고 있는, 혹은 옆으로 누운 모습으로 나타낸 '앉을 시, 주검 시(⺃ = 尸)'

- 屈굴 = 屄 : '앉을 시(尸= ⺃)'와 '털 모(毛= ⺽)'를 더해 만든 '꼬리 미(⻎ = 尾 =尾)'와 '구 덩이, 혹은 굴의 입구(∪)'에서 나가는 '발의 모습(⻌)'으로 만든 '나갈 출(⍎ = ⍎ =出)' 을 더해 '엉덩이를 뒤로 빼고 물러나다, 굽히다'라는 뜻을 나타낸 '굽힐 굴(屈=屄)'.

第 46 章

天下有道, 却走馬以糞 천하유도, 각주마이분
天下無道, 戎馬生於郊 천하무도, 융마생어교
罪莫厚於甚欲 죄막후어심욕
禍莫大於不知足 화막대어부지족
咎莫大於欲得 구막대어욕득
故知止之足, 常足矣 고지지지족, 상족의

第 47 章

不出戶, 知天下 불출호, 지천하
不闚牖, 見天道 불규유, 견천도
其出彌遠, 其知彌少 기출미원, 기지미소
是以聖人 弗行而知 시이성인 불행이지
弗見而明, 弗爲而成 불견이명, 불위이성

第 48 章

爲學日益, 爲道日損 위학일익, 위도일손
損之又損, 以至於無爲 손지우손, 이지어무위
無爲而無不爲 무위이무불위
取天下, 常以無事 취천하, 상이무사
及其有事, 不足以取天下 급기유사, 부족이취천하

第 49 章

聖人恒無心, 以百姓心爲心 성인항무심, 이백성심위심
善者吾善之, 不善者吾亦善之, 德善 선자오선지, 불선자오역선지, 덕선
信者吾信之, 不信者吾亦信之, 德信 신자오신지, 불신자오역신지, 덕신
聖人在天下, 歙歙焉 성인재천하, 흡흡언
爲天下渾其心 위천하혼기심
百姓皆屬耳目焉, 聖人皆孩之 백성개속이목언, 성인개해지

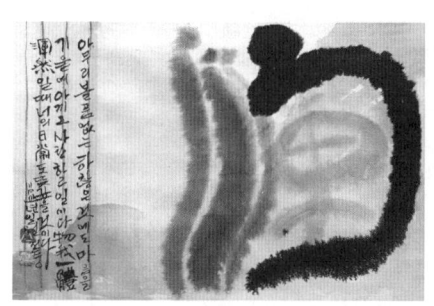

渾혼

- 軍군 = 軍: '수레 거車'와 '쌀 포(勹=ㅇ)'를 더한 모습(軍)으로 '군대의 수레(車)로 적을 에워싸다 (ㅇ)'라는 뜻을 나타낸 '에워쌀 군, 혹은 군사 군軍'
- 渾혼: '에워쌀 군(軍)'과 '물 수(氵)'를 더해 '물로 에워싸다, 혹은 하나로 아우러지다'라는 뜻을 나타낸 '(하나로) 아우를 혼(渾)'
  ☞ 여기에서 '(하나로) 아우를 혼渾'자를 많은 도덕경 해설자들이 혼탁混濁 등에 쓰이는 '섞일 혼, 흐릴 혼混'으로 번역하는 것은 아무래도 원래의 도덕경인 옛 어른들의 말씀을 변질시키는 일인 듯합니다.

第 50 章

出生入死 출생입사
生之徒十有三, 死之徒十有三 생지도십유삼, 사지도십유삼
而民生生, 動皆之死地之, 亦十有三 이민생생, 동개지사지지, 역십유삼
夫何故? 以其生生之厚 부하고, 이기생생지후
蓋聞善攝生者 개문선섭생자
陸行不避兕虎, 入軍不被甲兵 육행불피시호, 입군불피갑병
兕無所投其角, 虎無所措其爪, 兵無所容其刃
시무소투기각, 호무소조기조, 병무소용기인
夫何故? 以其無死地 부하고, 이기무사지

• 所소: '드나들다'라는 뜻을 지닌 '지게문 호戶'와 '가깝다'라는 뜻을 지닌 '도끼 근斤'을 더해 '문 가까이, 막 들어가거나 나가려는 참이나 그 자리, 혹은 ~~하려는 바로 그 때, 그 곳'이라는 뜻을 나타 낸 '바 소, 곳 소所'.

第51章

道生之, 德畜之 도생지, 덕흉지*
物形之, 器成之 물형지, 기성지
是以萬物 莫不尊道而貴德 시이만물 막부존도이귀덕
道之尊, 德之貴 도지존, 덕지귀
夫莫之命而常自然 부막지명이상자연
故道生之, 德畜之 고도생지, 덕흉지
長之育之, 亭之毒之, 養之覆之 장지육지, 정지독지, 양지복지
生而弗有, 爲而弗恃, 長而弗宰 생이불유, 위이불시, 장이불재
是謂玄德 시위현덕

* 畜: 쌓을 축, 기를 흉

第 52 章

天下有始, 以爲天下母 천하유시, 이위천하모
旣得其母, 以知其子 기득기모, 이지기자
旣知其子, 復守其母, 沒身不殆 기지기자, 복수기모, 몰신불태
塞其兌, 閉其門, 終身不勤 색기태, 폐기문, 종신불근
開其兌, 濟其事, 終身不救 개기태, 제기사, 종신불구
見小曰明, 守柔曰强 견소왈명, 수유왈강
用其光, 復歸其明, 無遺身殃 용기광, 복귀기명, 무유신앙
是謂習常 시위습상

습習

• 光광 = 옛날 노예 시대, 종(▲)이 주인에게 불빛을 비춰주기 위해 불 = 을 머리에 이고 있는 모습으로 '빛을 비추어 주다'라는 뜻을 나타낸 '비칠 광光'.

第53章

使我介然有知, 行於大道 사아개연유지, 행어대도
唯迤是畏 유이시외
大道甚夷, 而民好徑 대도심이, 이민호경
朝甚除, 田甚蕪, 倉甚虛 조심제, 전심무, 창심허
服文綵, 帶利劍 복문채, 대리검
厭飮食, 財貨有餘 염음식, 재화유여
是謂盜夸, 非道也哉 시위도과, 비도야재

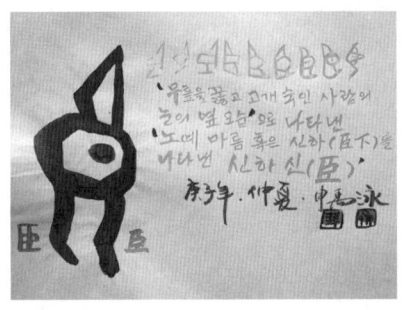

第54章

善建者不拔, 善抱者不脫 선건자불발, 선포자불탈
子孫以祭祀不輟 자손이제사불철
修之於身, 其德乃眞 수지어신, 기덕내진
修之於家, 其德乃餘 수지어가, 기덕내여
修之於鄕, 其德乃長 수지어향, 기덕내장
修之於國, 其德乃豊 수지어국, 기덕내풍
修之於天下, 其德乃普 수지어천하, 기덕내보
故以身觀身, 以家觀家, 以鄕觀鄕 고이신관신, 이가관가, 이향관향
以國觀國, 以天下觀天下 이국관국, 이천하관천하
吾何以知天下然哉? 오하이지천하연재
以此 이차

☞ 남의 얼굴로 제 얼굴을 보지 말며, 힘세고 잘 나가는 남의 나라 눈으로 제 나라를 보지 말라는 뜻으로 새겨집니다.

第 55 章

含德之厚, 比於赤子 함덕지후, 비어적자
蜂蠆虺蛇弗螫, 攫鳥猛獸弗搏 봉채훼사불석, 확조맹수불박
骨弱筋柔而握固 골약근유이악고
未知牝牡之合而朘作, 精之至也 미지빈모지합이최작, 정지지야
終日號而不嗄, 和之至也 종일호이불사, 화지지야
和曰常, 知常曰明 화왈상, 지상왈명
益生曰祥, 心使氣曰强 익생왈상, 심사기왈강
物壯則老, 是謂不道 물장즉로, 시위부도
不道早已 부도조이

어린 아이처럼 생겼네요!

第56章

知者弗言, 言者弗知 지자불언, 언자불지
塞其兌, 閉其門 색기태, 폐기문
挫其銳, 解其分 좌기예, 해기분
和其光, 同其塵 화기광, 동기진
是謂玄同 시위현동
故不可得而親, 不可得而疏 고불가득이친, 불가득이소
不可得而利, 不可得而害 불가득이리, 불가득이해
不可得而貴, 不可得而賤 불가득이귀, 불가득이천
故爲天下貴 고위천하귀

玄同현동

- 門문 : 門, 계급을 나누어 드나드는 문
- 戶호 : 戶, 마음대로 드나드는 문
- ☞ 갑골문에 나온 門(문 문)자를 보면 양쪽으로 여닫는 큰 대문이 그려져 있다. 戶(지게 호)자가 방으로 들어가는 외닫이 문을 그린 것이라면 門자는 집으로 들어가기 위한 큰 대문을 그린 것이다.
- ☞ 친소, 이해, 귀천의 분별심에 매이지 않고 자유롭게 사는 것이 화광동진和光同塵, 광이불요光而不耀의 현동玄同 아닐까?

第57章

以正治國, 以奇用兵, 以無事取天下 이정치국, 이기용병, 이무사취천하
吾何以知其然乎? 오하이지기연호
天下多忌諱, 而民彌叛 천하다기휘, 이민미반
民多利器, 國家滋昏 민다리기, 국가자혼
人多智, 奇物滋起 인다지, 기물자기
法物滋彰, 盜賊多有 법물자창, 도적다유
故聖人云, 我無爲而民自化 고성인운, 아무위이민자화
我好靜而民自正, 我無事而民自富, 我無欲而民自樸
아호정이민자정, 아무사이민자부, 아무욕이민자박

- 正=政정 = 🦶 : 어느 한 지점(●)으로 곧바로 가고 있는 발(🦶 = 🦶)의 모습(🦶)으로 '똑바로 나아가다, 혹은 공격해서 구실(세금)을 걷다'라는 뜻을 지닌 '나아갈 정, 바를 정, 구실 정正'자가 '바를 正'으로만 쓰이게 되자, 나중에 '~ ~ 하게 하다'라는 뜻을 지닌 '칠 복攵'을 다시 더해 '사회가 똑바로 나아가도록 하다, 그 구실(세금)을 걷다.'라는 뜻을 나타낸 '다스릴 정, 구실(온갖 세금) 정政'

第58章

其政悶悶, 其民淳淳 기정민민, 기민순순
其政察察, 其民缺缺 기정찰찰, 기민결결
禍兮福之所倚, 福兮禍之所伏 화혜복지소의, 복혜화지소복
孰知其極, 其無正 숙지기극, 기무정
正復爲奇, 善復爲妖 정부위기, 선부위요
人之迷, 其日固久 인지미, 기일고구
是以聖人方而不割, 廉而不劌 시이성인방이불할, 렴이불귀
直而不肆, 光而不燿 직이불사, 광이불요

- 兼겸 = 🌾 : 손에 '벼(🌾=禾:벼 화)' 두 포기를 쥔 모습(🌾)으로 '벼를 추려 묶다'라는 뜻을 나타낸 '아우를 겸, 혹은 추릴 겸兼'.

- 廉염 : '집 엄广'과 '아우를 겸兼'을 더해 '잘 간추려서 집 안에 걸어둔 볏단처럼 바르고 깔끔하다'는 뜻을 나타낸 '간추릴 렴廉'.

第 59 章

治人事天[*], 莫若嗇 치인사천, 막약색
夫唯嗇, 是以早服 부유색, 시이조복
早服謂之重積德 조복위지중적덕
重積德則無不克 중적덕즉무불극
無不克, 則莫知其極 무불극, 즉막지기극
莫知其極, 可以有國 막지기극, 가이유국
有國之母, 可以長久 유국지모, 가이장구
是謂深根固柢, 長生久視之道 시위심근고저, 장생구시지도

- 嗇색 = 㐭, 㐭, 嗇 : 보리(朿)를 거두어 잘 보관하는 창고(㐭)의 모습(嗇)으로 (노자 시절에는) '아끼다, 사랑하다'라는 뜻으로 쓰이던 '아낄 색嗇'.

[*] 事天사천 : (자연으로부터 부여받은 천부적인) 자신을 닦는 데는

第 60 章

治大國若烹小鮮 치대국약팽소선
以道莅天下, 其鬼不神 이도리천하, 기귀불신
非其鬼不神, 其神不傷人 비기귀불신, 기신불상인
非其神不傷人, 聖人亦不傷人 비기신불상인, 성인역불상인
夫兩不相傷, 故德交歸焉 부량불상상, 고덕교귀언

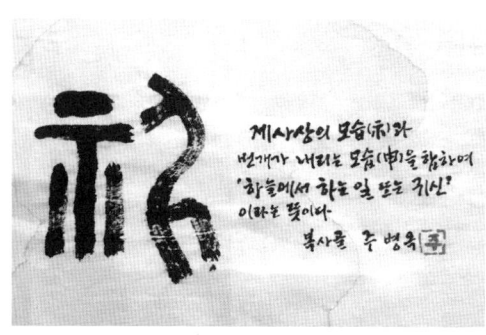

神 신

第 61 章

大國者下流也 대국자하류야
天下之交, 天下之牝 천하지교, 천하지빈
牝常以靜勝牡, 以其靜也, 故宜爲下 빈상이정승모, 이기정야, 고의위하
故大國以下小國, 則取小國 고대국이하소국, 즉취소국
小國以下大國, 則取於大國 소국이하대국, 즉취어대국
故或下以取, 或下而取 고혹하이취, 혹하이취
大國不過欲兼畜人 대국불과욕겸휵인
小國不過欲入事人 소국불과욕입사인
夫兩者各得其所欲, 大者宜爲下 부량자각득기소욕, 대자의위하

- 勝승 = 朕力 : 물이 배를 띄우는 모습으로 '무엇인가를 떠받치다'라는 뜻의 '저 짐(朕=𦩎)'과 '힘쓸 력(力)'을 더해 '무엇인가를 떠받치고 이겨내는 힘'이라는 뜻에서 나온 '이길 승(勝)'.

  ☞ 여기서 '이길 승勝'자는 '어떤 무게를 이겨내다, 떠받친다.'라는 뜻이었습니다만, 어느덧 이제는 '무엇인가를 누르고 이기다'라는 뜻이 되고 말았습니다.

  ☞ 떠받쳐지는 것은 배만이 아닙니다. 우리는 모두가 아이들을 떠받치며 살지요. 물론 우리 자신들 또한 누군가에게는 떠받침을 받아야만 살 수 있습니다. 누군가에게 짐이 되는 것이지요.

第62章

道者萬物之注 도자만물지주(백서본을 따름)
善人之寶, 不善人之所保 선인지보, 불선인지소보
美言可以市, 尊行可以加人 미언가이시, 존행가이가인
人之不善, 何棄之有 인지불선, 하기지유
故立天子, 置三公 고립천자, 치삼공
雖有拱璧以先駟馬, 不如坐進此道 수유공벽이선사마, 불여좌진차도
古之所以貴此道者何 고지소이귀차도자하
不曰求以得, 有罪以免邪 불왈구이득, 유죄이면야
故爲天下貴 고위천하귀

• 道也者, 不可須臾離也. 可離, 非道也. 是故, 君子, 戒愼乎其所不睹, 恐懼乎其所不聞. (도야자, 불가수유리야. 가리, 비도야. 시고, 군자, 계신호기소부도, 공구호기소불문)
道라 함은 한 순간도 떠날 수 없는 것이니, 떠날 수 있으면 道가 아니다. 이러한 까닭으로 군자는 그 보이지 않는 바를 경계하고 삼가며, 그 들리지 않는 바를 몹시 두려워한다. (중용, 中庸)

第63章

爲無爲, 事無事, 味無味 위무위, 사무사, 미무미
大小多少, 報怨以德 대소다소, 보원이덕
圖難於其易, 爲大於其細 도난어기이, 위대어기세
天下難事, 必作於易 천하난사, 필작어이
天下大事, 必作於細 천하대사, 필작어세
是以聖人終不爲大, 故能成其大 시이성인종불위대, 고능성기대
夫輕諾必寡信, 多易必多難 부경낙필과신, 다이필다난
是以聖人猶難之, 故終無難矣 시이성인유난지, 고종무난의

第64章

其安易持, 其未兆易謀 기안이지, 기미조이모
其脆易泮, 其微易散 기취이반, 기미이산
爲之於未有, 治之於未亂 위지어미유, 치지어미란
合抱之木, 生於毫末 합포지목, 생어호말
九層之臺, 起於累土 구층지대, 기어루토
千里之行, 始於足下 천리지행, 시어족하
爲者敗之, 執者失之 위자패지, 집자실지
是以聖人無爲故無敗, 無執故無失 시이성인무위고무패, 무집고무실
民之從事, 常於幾成而敗之 민지종사, 상어기성이패지
愼終如始, 則無敗事 신종여시, 즉무패사
是以聖人欲不欲, 不貴難得之貨 시이성인욕불욕, 불귀난득지화
敎不敎 교불교 (죽간본)
復衆人之所過 복중인지소과
以輔萬物之自然, 而不敢爲 이보만물지자연, 이불감위

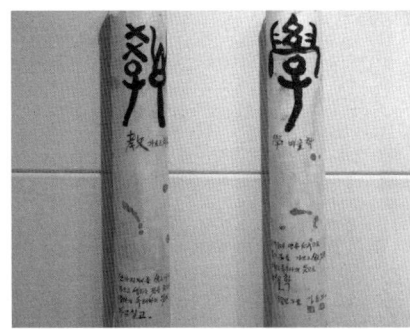

敎不敎, 學不學

第 65 章

古之善爲道者 고지선위도자
非以明民, 將以愚之 비이명민, 장이우지
民之難治, 以其智多 민지난치, 이기지다
故以智治國, 國之賊 고이지치국, 국지적
不以智治國, 國之福 불이지치국, 국지복
知此兩者, 亦稽式 지차량자, 역계식
常知稽式, 是謂玄德 상지계식, 시위현덕
玄德深矣, 遠矣, 與物反矣 현덕심의, 원의, 여물반의
然後乃至大順 연후내지대순

- 愚우 : '비슷하게 흉내를 내다'라는 뜻을 지닌 '원숭이 우禺'와 '마음 심心'을 더해 '남이 하는 짓을 비슷하게 따라서 하려는 마음'이라는 뜻을 나타낸 '어리석을 우愚'

  ☞ 여기서의 愚우는 '어리석을 우愚'가 아니라 '(자연의 이치인 도道를) 우직하게 따르다'라는 뜻으로 쓰였음.

第 66 章

江海所以能爲百谷王者 강해소이능위백곡왕자
以其善下之, 故能爲百谷王 이기선하지, 고능위백곡왕
是以欲上民, 必以言下之 시이욕상민, 필이언하지
欲先民, 必以身後之 욕선민, 필이신후지
是以聖人處上而民不重 시이성인처상이민부중
　　　　處前而民不害 처전이민불해
是以天下樂推而不厭 시이천하락추이불염
以其不爭, 故天下莫能與之爭 이기부쟁, 고천하막능여지쟁

第67章

天下皆謂我大, 大而不肖 천하개위아대, 대이불초
夫唯不肖, 故能大 부유불초, 고능대
若肖, 久矣其細也夫 약초, 구의기세야부
我有三寶, 持而保之 아유삼보, 지이보지
一曰慈, 二曰儉, 三曰不敢爲天下先 일왈자, 이왈검, 삼왈불감위천하선
慈故能勇, 儉故能廣 자고능용, 검고능광
不敢爲天下先, 故能爲成器長 불감위천하선, 고능위성기장
今舍慈且勇, 舍儉且廣 금사자차용, 사검차광
舍其後且先, 死矣 사기후차선, 사의
夫慈 以戰則勝, 以守則固 부자 이전즉승, 이수즉고
天將救之, 以慈衛之 천장구지, 이자위지

- '크다(大=☆)' : 저마다 하나의 별(☆)처럼 당당할 대(大).

第68章

善爲士者不武, 善戰者不怒 선위사자불무, 선전자불노
善勝敵者弗與, 善用人者爲之下 선승적자불여, 선용인자위지하
是謂不爭之德 시위부쟁지덕
是謂用人之力 시위용인지력
是謂配天之極 시위배천지극

善怡선이

第 69 章

用兵有言 용병유언
吾不敢爲主而爲客 오불감위주이위객
不敢進寸而退尺 불감진촌이퇴척
是謂行無行, 攘無臂, 執無兵, 扔無敵 시위행무행, 양무비, 집무병, 잉무적
禍莫大於輕敵, 輕敵幾喪吾寶 화막대어경적, 경적기상오보
故抗兵相加, 哀者勝矣 고항병상가, 애자승의

哀애

第70章

吾言甚易知, 甚易行 오언심이지, 심이행
天下莫能知, 莫能行 천하막능지, 막능행
言有宗, 事有君 언유종, 사유군
夫唯無知, 是以不我知 부유무지, 시이불아지
知我者希, 則我者貴 지아자희, 즉아자귀
是以聖人被褐而懷玉 시이성인피갈이회옥

- 宗= 종 : '집 면(宀= ㅜ)'과 '제사상'의 뜻을 지닌 '보일 시(示= 示)'를 더해 '조상에게 제사를 지내는 마루'라는 뜻을 나타낸 '마루 종宗'.

\# 우리말의 '마루'는 지붕의 용마루, 고갯마루, 산마루처럼 높다는 뜻과 서까래나 산줄기처럼 여러 갈래로 나뉘어 흐른다는 뜻을 가지고 있습니다. 대청마루는 한 집안의 여러 식구들을 거느리는 장소였으며, 그 마루의 주인이 '마누라'였습니다. 가부장제가 철저했던 조선조에서도 양반이든 상놈이든 자기의 처를 마누라라고 불렀는데, 바로 '저는 당신의 '마루 하(밑)'입니다'라는 뜻으로 생긴 말입니다.

第 71 章

知不知, 上 지부지, 상
不知不知, 病 부지부지, 병
聖人不病 성인불병
以其病病, 是以不病 이기병병, 시이불병

病병

• 病병= 病 : '병들어 누울 녁(疒 = 疒)'과 '단단한 책상다리'라는 뜻에서 나온 '굳셀 병丙'을 더해 '단단히 병이 들다.'라는 뜻을 나타낸 '병들 병病'.

第72章

民不畏威, 則大威至 민불외위, 즉대위지
無狎其所居, 無厭*其所生 무압기소거, 무염기소생
夫惟不厭, 是以不厭 부유불염, 시이불염
是以聖人 自知, 不自見 시이성인 자지, 부자현
自愛, 不自貴 자애, 부자귀
故去彼取此 고거피취차

- 民민 = '눈을 부릅뜨고 저항하는 사람의 눈동자를 화살로 꿰어(罒, 甲, 民) 장님으로 만든 노예'라는 뜻을 나타낸 '백성 민'.

- 臣신 = '무릎을 꿇고 고개 숙인 사람의 눈의 옆모습'으로 나타낸 '노예 마름 신 하 신'. 고대에는 포로로 잡히거나 항복한 노예들을 왕실의 노예로 삼았다. 나중에 왕을 섬기는 모든 사람을 칭하는 용어로 쓰이면서 지금은 '신하'나 '하인'이라는 뜻으로 쓰이고 있다. (53장 그림)

    ☞ '볼 견見'자가 '드러낼 현現'의 뜻으로 쓰였음.

*厭 : 누를 엽/ 싫어할 염

第73章

勇於敢則殺 용어감즉살
勇於不敢則活 용어불감즉활
此兩者 或利或害 차량자 혹리혹해
天之所惡, 孰知其故 천지소오, 숙지기고
是以聖人猶難之 시이성인유난지
天之道, 不爭而善勝 천지도, 부쟁이선승
不言而善應 불언이선응
不召而自來, 繟然而善謀 불소이자래, 천연이선모
天網恢恢, 疏而不失 천망회회, 소이불실

- **敢**감 = 𢾅 : 혹은 '(남의) 손에 있는 고기(月 = ∃ (손) + 月 (고기)와 (그것을) 빼앗으려는 손(攴 =攵)'으로 '남의 것을 빼앗다'라는 뜻을 나타낸 '가로 챌 감, 감히 감敢'.
  - ☞ 여기서의 '감敢'자는 '과감果敢하다, 용감(勇敢)하다'의 '감敢'이 아닌 '빼앗다'라는 '감敢'자 원래의 뜻으로 쓰임.

수오지심(羞惡之心)

'맹자(孟子)'에 나오는 '수오지심(羞惡之心)'이라는 말은 '착하지 못함을 부끄러워하고(羞: 부끄러워할 수), 미워하는(惡: 미워할 오) 마음'이라고 해석되고 있습니다. '모질거나 나쁘다'는 뜻으로 쓰는 악(惡)자가 아니라 '스스로 착하지 못함을 미워한다'는 뜻의 '미워할 오(惡)'로 읽힌다는 것이지요. '선(善)'자 또한 그냥 '착하다'라기 보다는 '바르게 잘 나누어 먹는다'에 더 가까운 말입니다. 지금은 '나쁠 악(惡)'과 '착할 선(善)'이라는 식으로 서로 반대 되는 글자처럼 되고 말았습니다.

- 羞수 = 𦍌, 羊: '양(𦍌 = 羊)을 들고 있는 손(丿) 혹은 움켜쥐려는 손(㇉)을 더한 모습(𦍌, 羊)'으로 '양을 들고 (누구에게) 주다, 혹은 양을 움켜쥐며 수줍어하다'라는 뜻을 나타낸 '드릴 수, 수줍을 수, 부끄러워 할 수羞'.

  ☞ 양고기 한 토막을 집어먹으려다가 말고 어른에게 먼저 드리며 수줍게 웃는 어린아이의 모습이 떠오르는 우리말 한자漢字입니다.

- 亞아 = 𠅃, 𠅃: 움집의 바닥이나 무덤을 판 자리의 모습, 혹은 사방이 막혀있는 모습으로 '그 위를 덮고 있는 움집이나 봉분의 그 아래에 있다, 혹은 그 파인 자리를 움집이나 봉분이 덮고(누르고) 있다, 혹은 사방이 막혀있다'라는 뜻을 나타낸 '버금 아, 혹은 억눌려 막힐 아亞'

- 啞아 : '말하다'라는 뜻을 지닌 '입 구口'와 '막히다'라는 뜻을 지닌 '억눌려 막힐 아亞'자를 더해 만든 '벙어리 아啞'

- 惡오, 악 : '억눌려 막힐 아亞'자와 '마음 심心'자를 더해 '막히고 닫혀있어 답답하고 억울해서 미워하게 된 마음'이라는 뜻을 나타낸 '미워할 오惡', 혹은 그 '억눌려 미워하는 마음'이라는 뜻과 함께 '다른 사람과 소통이 안 되는 그 답답하고 외로운 마음惡'에서부터 나오게 된 '나쁘고(나뿐이 모르는) 모진 마음'이라는 뜻으로 쓰이게 된 '악할 악惡'

第74章[※]

若民抗且不畏死 殺懼之也? 약민항차불외사 살구지야?
若民抗畏死 則而爲者 약민항외사 즉이위자
吾將得而殺之 夫孰敢矣? 오장득이살지 부숙감의?
若民抗且必畏死 약민항차필외사
則抗有司殺者 즉항유사살자
夫代司殺者殺 부대사살자살
是代大匠斲也 시대대장착야
夫代大匠斲者 부대대장착자
則希不傷其手矣 즉희불상기수의

※제74장의 본문은 전적으로 백서본(帛書本)을 따름.

第 75 章

民之饑 민지기
以其上食稅之多, 是以饑 이기상식세지다, 시이기
民之難治 민지난치
以其上之有爲, 是以難治 이기상지유위, 시이난치
民之輕死 민지경사
以其上求生之厚, 是以輕死 이기상구생지후, 시이경사
夫唯無以生爲者 부유무이생위자
是賢於貴生 시현어귀생

- 58장, 其政察察, 其民缺缺(기정찰찰, 기민결결)
- 가정맹어호(苛政猛於虎) 가혹한 정치는 호랑이보다 더 무섭다.

第 76 章

人之生也柔弱, 其死也堅强 인지생야유약, 기사야견강
萬物草木之生也柔脆, 其死也枯槁 만물초목지생야유취, 기사야고고
故堅强者死之徒, 柔弱者生之徒 고견강자사지도, 유약자생지도
是以兵强則滅, 木强則折 시이병강즉멸, 목강즉절
强大處下, 柔弱處上 강대처하, 유약처상

第 77 章

天之道, 其猶張弓乎 천지도, 기유장궁호
高者抑之, 下者擧之 고자억지, 하자거지
有餘者損之, 不足者補之 유여자손지, 부족자보지
天之道損有餘而補不足 천지도손유여이보부족
人之道則不然, 損不足以奉有餘 인지도즉불연, 손부족이봉유여
孰能有餘以奉天下? 唯有道者 숙능유여이봉천하? 유유도자
是以聖人 爲而不有 시이성인 위이불유
功成而不居, 其不欲見賢 공성이불거, 기불욕견현

第 78 章

天下莫柔弱於水 천하막유약어수
而攻堅强者莫之能勝也 이공견강자막지능승야
以其無以易之也 이기무이이지야
弱之勝强, 柔之勝剛也 약지승강, 유지승강야
天下莫不知, 莫能行也 천하막부지, 막능행야
故聖人云 고성인운
受國之詬, 是謂社稷*主 수국지구, 시위사직주
受國之不祥, 是謂天下王 수국지불상, 시위천하왕
正言若反 정언약반

---

* 사직(社-토지의 신神, 稷-오곡五穀의 신神) : 나라나 조정(朝廷), 왕조(王朝)를 비유적으로 이르는 말

第79章

和大怨, 必有餘怨 화대원, 필유여원

安可以爲善 안가이위선

是以聖人執左契*, 而不責於人 시이성인집좌계, 이불책어인

有德司契, 無德司徹 유덕사계, 무덕사철

天道無親, 常與善人 천도무친, 상여선인

- 親= 𰀀, 𰀁 친 : 칼의 뜻을 지닌 '매울 신辛'과 '나무 목木', '볼 견見'을 더해 '칼이 나무를 베는 순간처럼 아주 가까운 거리에서 보다'라는 뜻을 나타낸 '가까울 친, 보살필 친親'

* 계약서(契, 차용증서) : 옛날에 누가 빚을 낼 때, 빚의 내용과 조건을 나무에 문서로 쓴 다음, 그것을 두 쪽으로 나누어 채권자가 왼쪽을 갖고 채무자가 오른쪽을 가졌다. 그 좌계를 가지고 있으면서도 빚진 사람에게 갚으라고 독촉하지 않으니 남(채무자)을 탓 할 일이 없다.

第80章

小國寡民 소국과민
使有什佰之器而不用 사유십백지기이불용
使民重死而不遠徙 사민중사이불원사
雖有舟輿, 無所乘之 수유주여, 무소승지
雖有甲兵, 無所陳之 수유갑병, 무소진지
使人復結繩而用之 사인부결승이용지
甘其食, 美其服 감기식, 미기복
安其居, 樂其俗 안기거, 락기속
鄰國相望, 鷄犬之聲相聞 린국상망, 계견지성상문
民至老死, 不相往來 민지로사, 불상왕래

- 往왕 = 𡗉, 𢔏: '임금 왕(王= 大)과 발 지(止= 止)'를 더해 '왕처럼 거침없이 다니다'라는 뜻을 나타낸 글자였는데, 후대에 '大'을 '主'=主로 잘못 쓰게 된 '(왕처럼 굳이) 갈 왕往'.
- ☞ 노자는 차이와 다양성을 인정하는 소국과민의 자치, 문자 이전 시대의 가족 공산사회, 원시 부족사회의 소박한 삶을 꿈꾸었던 것은 아닐까?

第 81 章

信言不美, 美言不信 신언불미, 미언불신
善者不辯, 辯者不善 선자불변, 변자불선
知者不博, 博者不知 지자불박, 박자부지
聖人不積 성인부적
旣以爲人, 己愈有 기이위인, 기유유
旣以與人, 己愈多 기이여인, 기유다
天之道, 利而不害 천지도, 리이불해
人之道, 爲而弗爭 인지도, 위이불쟁

- 旣기 = 𣪘, 䭹 : '고봉으로 담긴 밥그릇(𣪘) 앞에 사람이 고개를 뒤로 돌리고 앉아 있는 모습(䭹)'으로 '밥을 이미 다 먹었다'라는 뜻을 나타낸 '이미 기旣'

- 利리 = 利 : '벼 화(禾=𥝌)'자와 '칼 도(刂)'자를 더해서 '(벼 이삭을 베어 먹으니) 이롭다, 혹은 (그 벼를 베는 칼이) 날카롭다'는 뜻을 나타낸, '이로울 리, 혹은 날카로울 리剤'

- 爭쟁 = 爭 : 두 손이 무엇인가를 서로 잡아 당기는 모습으로 나타낸 '다툴 쟁(爭)'

함께한 글

어느 봄날, '배움이란 무엇인가? 깨닫는 것이다.' '개념'이란 대강의 생각이 아니라, 평평하게 밀어 고르게 하는 평미레처럼 넘치지도 부족하지도 않는 생각이란 말에 홀려 빛살무늬(우리말한자연구회)에 동승했다. 공부모임 때마다 한 구절씩 듣고 읽고 토론하며 알아가는 재미에 즐거움은 넘쳐났고, 장의균 선생님의 통찰과 혜안이 넘치는 말씀에 더해 연구회원들의 학구열과 마음 씀씀이는 같은 시절을 살아가는 동반자로서의 기쁨을 만끽하게 해주었다. 오리골, 인사동, 정릉, 그리고 여기저기 문밖에서 공부하는 존재들과 함께 한 모든 시간에 감사드린다. (玄中 이종계)

도덕경은 대학 시절 3학점짜리 전공 서적이었다. 사람이 걸어가야 할 길道을 배웠다고 기억하는데…. 30년 뒤 우리말한자연구회 선생님들이 모여 노자도덕경을 한 장 한 장 공부해가는 그 분위기가 정말 좋았고 의미 있는 시간이 되었다. 우리말 도덕경을 다시 출간하겠다는 의지로 부족하지만 서로 토론해가면서 이마를 맞대고 열공하는 모습들은 정말 아름답기까지 했다. 한 장이라도 더 하려고 하는 의욕에 늦은 시간까지도 휴일도 반납해가며 공부하시는 모습들이 존경스럽기까지…. 교직 생활 중 가장 멋진 시간으로 기억되게 해 준 선생님들께 감사드립니다. (안미숙)

눈이 트이고, 귀가 열려, 아주 잠깐씩 천지가 내게 들어오는 것 같은 벅참이 있었다. 그럼에도 대개는 여전히 미숙하고 모자란 내 자신을 보면서 비관과 낙관이 서로 엇갈리는 시간들이었다. 천자문을 외듯, 도덕경 한 구절 한 구절을 마음에 새겨, 끝없이 깊어지기지를, 그리고 한없이 고요해지기를, 그리하여 그 어떤 미동도 없기를⋯. (淸暻 이혜숙)

실존하는 모든 존재들은 있어야 살지만, 그 존재들은 보이지 않는 존재들 안에서 함께 산다. 세상의 모든 존재는 공존共存한다. 편견을 버리고 자연에 순응하는 유유자적한 삶을 꿈꾸며⋯. (素素 이승숙)

어렵게만 느껴지던 노자의 〈도덕경〉은 장의균 선생님의 〈할머니의 도덕경〉으로 재탄생한다. 47장의 '할머니는 다 알고 본다' 라는 구절에서 생각이 머문다. 삶의 깨달음을 주는 도덕경은 이렇게 나에게 다가왔다. 그 옛날의 사람이 사는 이치는 지금까지 전해내려 오지만 변함이 없다. 변함이 없는 진리인것이다. 나는 도덕경의 할머니처럼 살 수 있을까? 라는 물음이 생겼다. 그 할머니처럼 살고 싶은 마음 간절하다. (雪燕 이현희)

젊은 날의 열정과 소신 잃지 않기를 매번 다짐하지만, 흐르는 세월 따라 무디어지는 것은 비단 사회의 어수선함과 각박함에만 기인하지는 않을 터. 나 자신의 나태함이 원인임을 문득 깨달았을 때, 새벽녘 샘물처럼 청아하게 다가온 도덕경. 연구회 동료들과 함께 고민하고 열정 불태우며 더듬어 온 진리의 길 찾기 덕분인지 이제는 도덕경 깊은 글귀처럼 넓은 바다를 닮아 고요하고 깨끗하게 살아갈 용기가 조금은 생긴다. 함께 하여 주심에 감사드립니다. (장형주)

삶에서 특정한 기준을 정해 놓고 자녀들이나 학생들을 그 기준으로 바라보고 생활하였기 때문에 마음이 힘들고 늘 긴장 관계에 있었다. 그러나 할머니의 도덕경을 통해 노자의 사상을 깨닫고, 특정한 기준을 세우지 않고 아이들을 바라보니 서로가 편안하고 원만하게 소통할 수 있게 되었다. 우리말한자 연구회와 함께 한 우리말 도덕경이 내 삶을 행복하게 만들어 준 참 좋은 공부였음을 느꼈다. (松江 주병옥)

배우고 또 배우는 데 모자람이 없는 〈우리말한자연구회〉에서 '할머니들의 아끼고 아끼는 것을 배우는 것이 『도덕경』이라 하신 장의균 선생님의 말씀대로 『할머니의 도덕경』은 '그래, 아하, 그렇지, 그래야지'라고 그저 탄식만 나올 뿐…. '서른개의 바퀴살이 그 바퀴통이 비어 있어 수레가 구른다.' 나는 하나의 바퀴살이 되고 싶고, 또한 그 쓰임이 되도록 비움으로, 또 채울 것이다. (蓮珠 이금하)

역설과 모순의 공존, 순환의 논리가 도덕경의 저변에 있는 중심축인데 이분법적인 사고의 틀로 보려 했습니다. 하늘을 계속 둘로 쪼개고 있다는 것을 깨달은 것이 가장 큰 정신의 울림이었습니다. 아울러 진리는 복잡하지 않고 단순한데 고정된 사고로 갈라치기하는 저의 닫힌 논리를 벗어나는 것이 가장 힘들었지만 보람된 일이었습니다. 이제 할머니 말씀 잘 듣고 큰 하늘을 바라보며 살 것입니다. (황현주)

공부하는 날마다 기쁜 마음으로 오리골로 향했다. 당연한 말씀을 당연히 풀어낸 선생님의 말씀을 다듬으며 고전에 내 생각이 닿아 있음을 알고 참 뿌듯했다. 장의균 선생님의 "할머니의 도덕경"은 고전 읽기의 새로운 기준이 될 것이다. 우리 삶을 바탕으로 우리의 이야기를 풀어낸 할머니의 따뜻한 지혜를 담은 도덕경이기 때문일 터. 쉰 넘어 새롭게 받아들인 세상이 책 속에서 나와 세상 모두와 함께하기를 바란다. (김동인)

하루를 열고 하루를 끝낼 때 도덕경을 읽습니다. 그러면 오랜 시간 쌓인먼지들이 조금씩 떨어져 나가는 듯해 마음이 평온해집니다. 『할머니의 도덕경』은 배울수록 삶의 진리에서 멀어지는 세상의 가르침 속에서 등불이 되어줍니다. 세상의 어떤 이가 노자의 말씀을 이렇게 밝고 분명하게 드러낼 수 있을까요? 모든 것이 '하나'에서 나왔으며 '하나'가 온전하게 이루어질 때, 비로소 내가 존재함을 일깨워주신 장의균선생님께 깊은 감사를 드립니다. 평생의 지침서로 삼기에 모자람 없는 『할머니의 도덕경』 그 탄생을 먼저 지켜볼 수 있는 영광된 자리에 함께 할 수 있어 기뻤습니다. (卍知 이장희)

하늘은 마음을 주고 땅은 몸을 주셨으니, 환하고 무궁하다. 봄 여름 가을 겨울을 조화롭고 알음 깊게 살아가느니, 미미하고 오묘하다. 숨결이여! 생명이여! 너는 현빈玄牝의 황홀에 들어 고운 씨를 품어라 옴 -훔치- 할망의 도덕경을 공부하는 내내 한 번도 보지 못한 할망이 많이 사무쳤다. 이 시작도 끝도 모르는 그리움의 화두를 물고 동방의 기슭에 웅크려 있다. 내 속에서 뭔 씨가 움을 틔울 것 같다. 도반들 모두에게 빛나는 눈빛으로 정중히 절하고 장의균 한량께 삼배를 드린다. (천둥 신우영)

끝머리를 알리는 나팔소리 竟

빛살무늬(우리말한자연구회)
빛은 말이고, 살은 햇살처럼 말을 퍼트리는 글이요, 무늬는 빛과 살을 아로새긴 빛살무늬 이다. 말과 글의 뿌리를 찾아 소박하고 순수한 마음들이 모인 공부의 숨결이 10년을 내다보고 있다.
아울러 귀한 인연들이 작은 배움을 모아 함께 교학상장 해가는 모임이다. 앞으로도 계속 이 배움의 인드라망 속에 많은 구슬들이 맺히길 바란다.

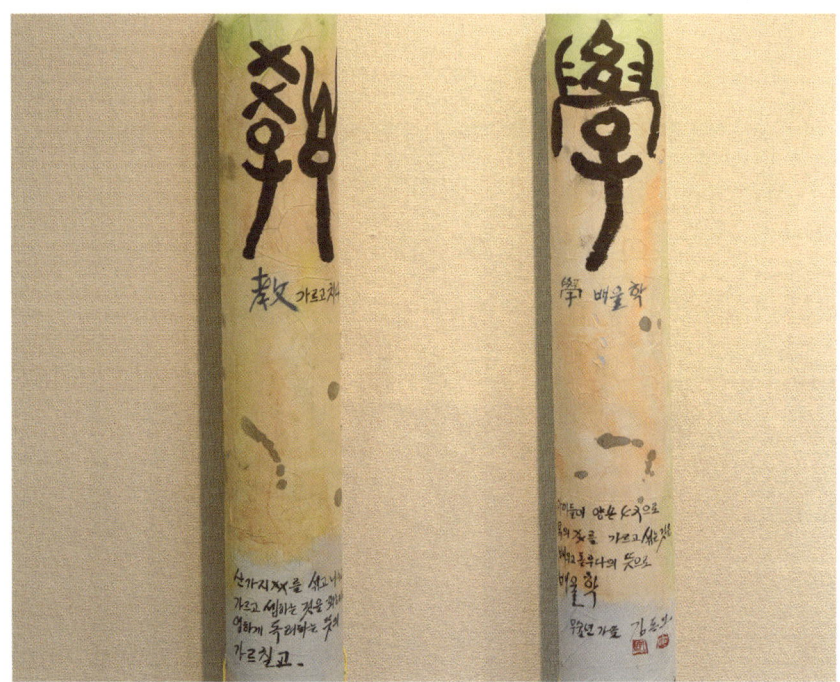

교학校學

청聽

족足

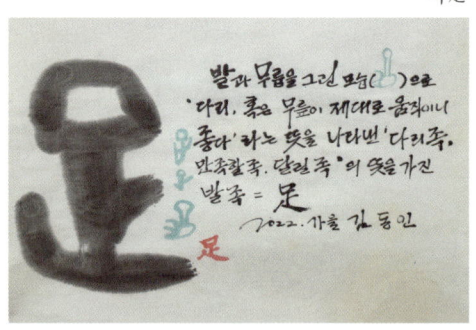

194 할머니의 도덕경

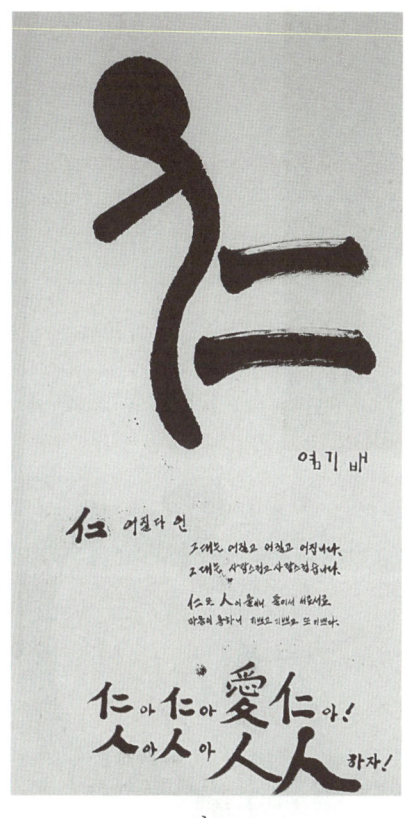

인仁

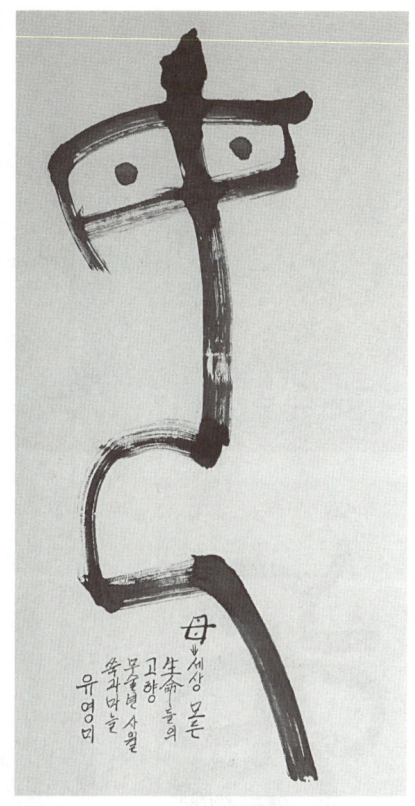

모母

생사일여 生死一如

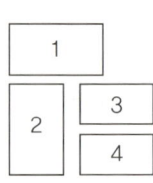

1. 영혼의 모음
2. 만娩
3. 물아일체 物我一體
4. 성聖

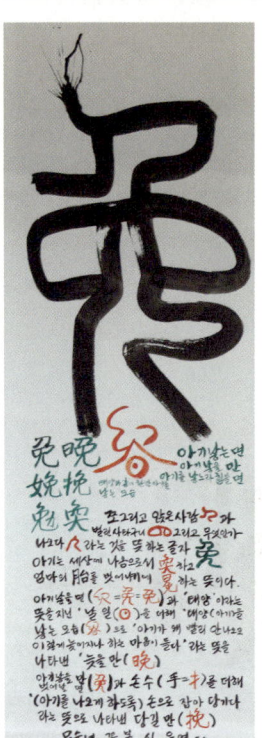

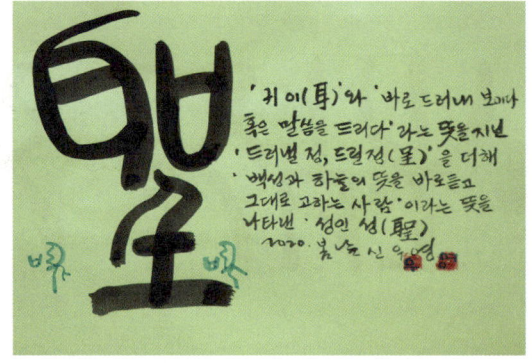

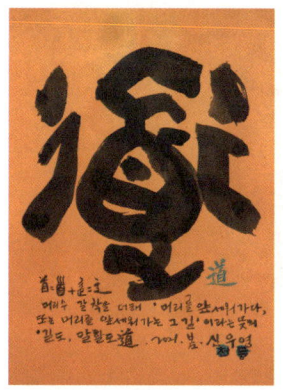
도 道

민 民

천 天

무 無

신 身

할머니의 도덕경 197

공恭

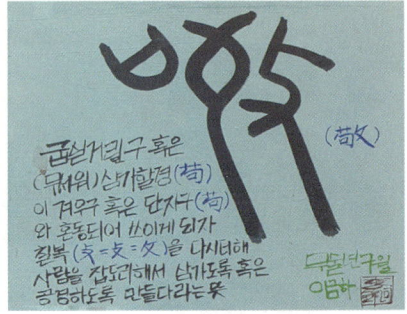

경敬

용容

즉卽

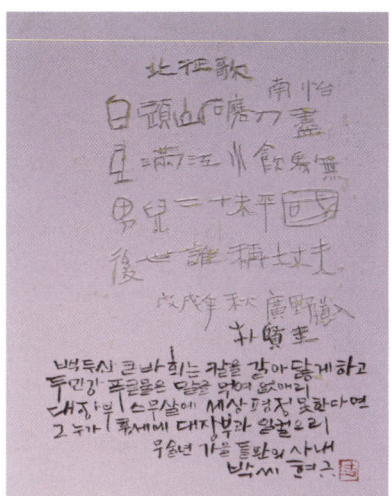
북정가 北征歌

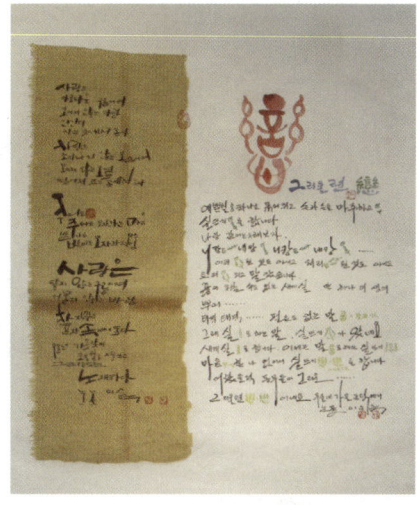
연戀

호好

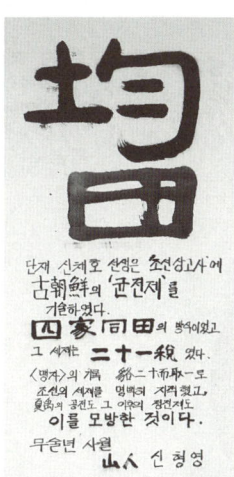
균전 均田

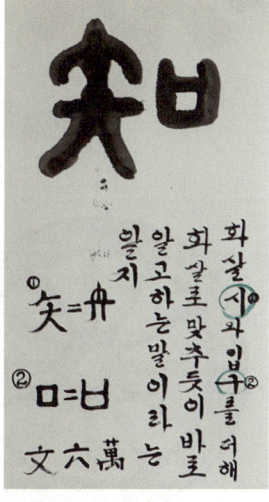
지知

무위 無爲

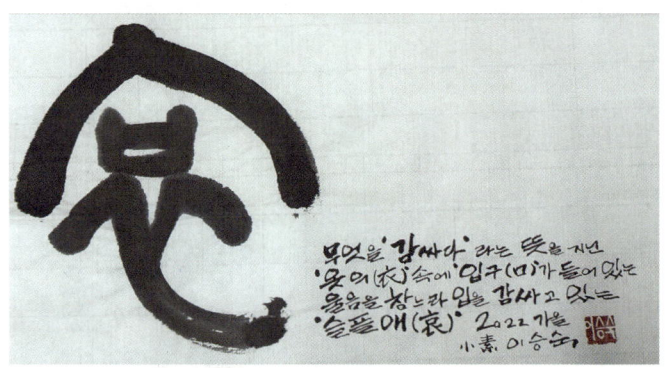

애 哀

율 律

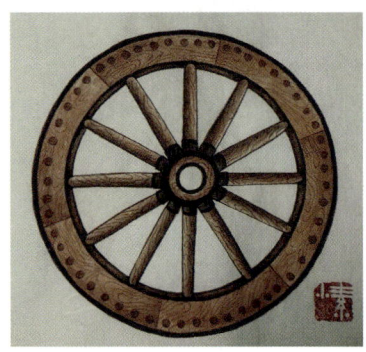

바퀴

습習

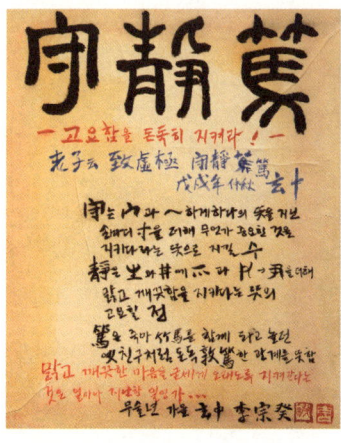

수정독 守靜篤

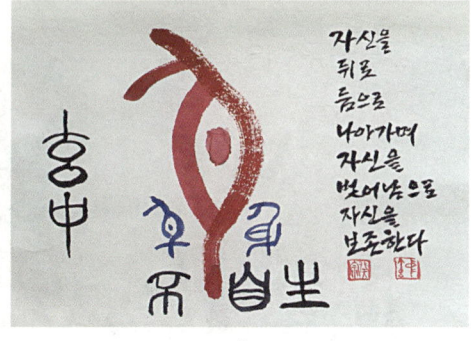

신身

화和

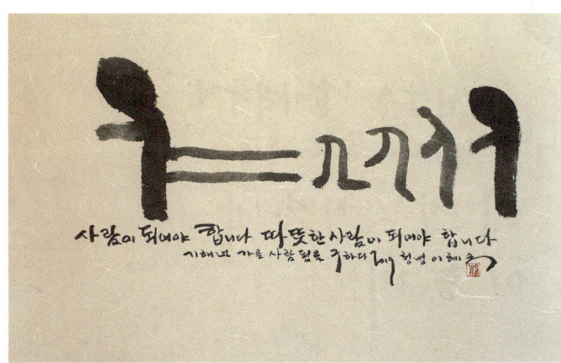

인仁

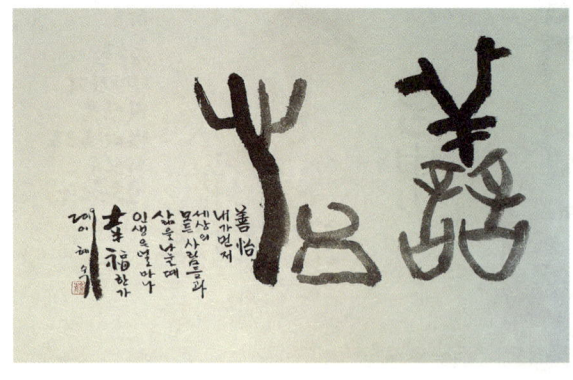

선이善怡

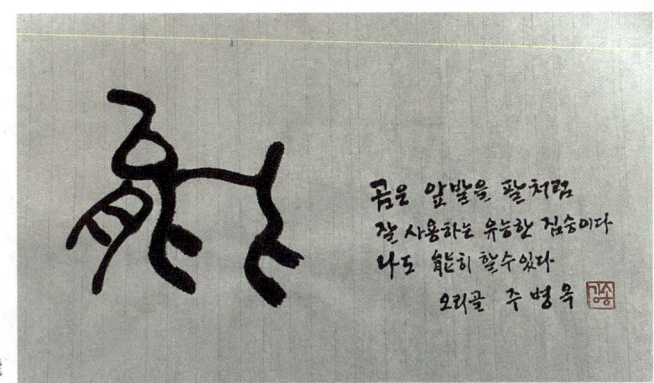

능能

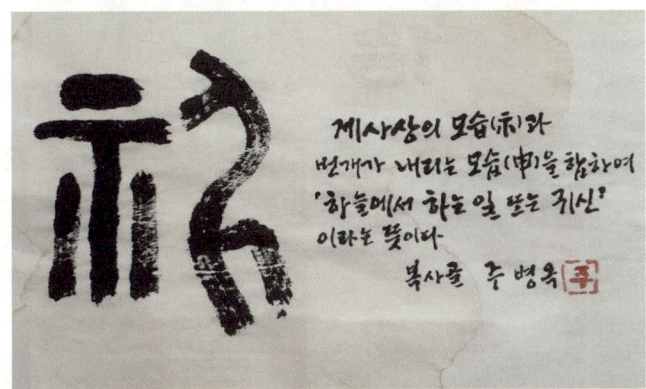

신神

하늘 밖 하늘

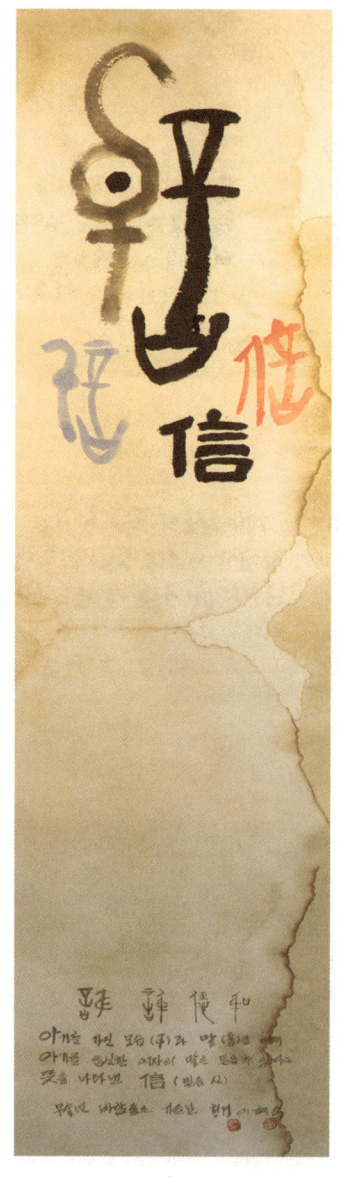
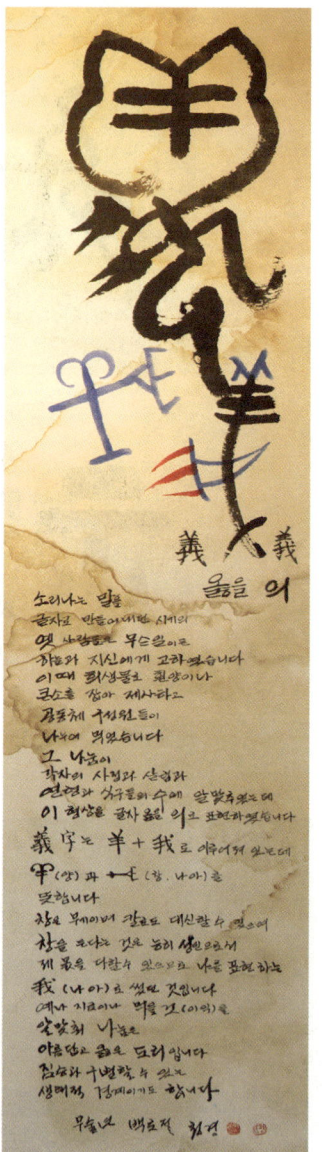

신信   의義

 상象

 귀貴

 수受

 중中

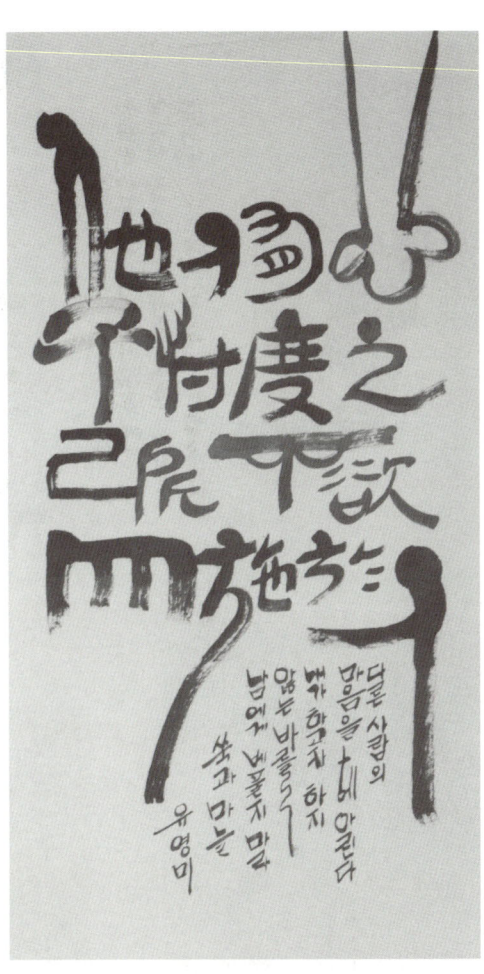

타인유심 여촌탁지, 기소불욕 물시어인
他人有心 予忖度之, 己所不欲 勿施於人

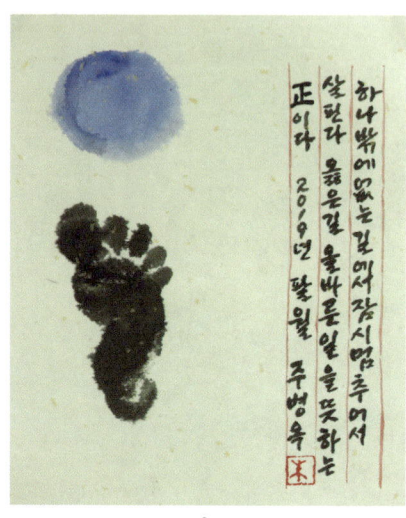

정正

락樂

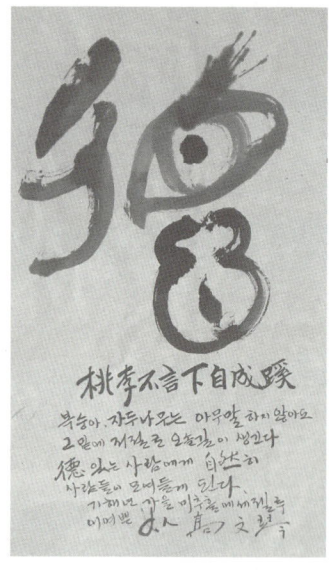

덕德

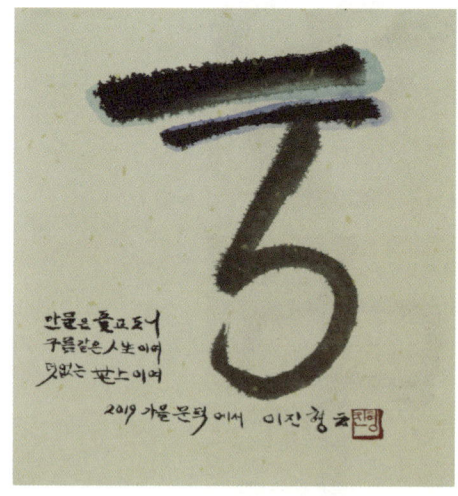

운云

견見

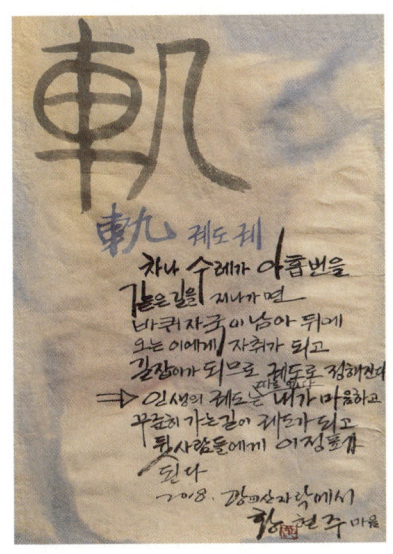

락樂

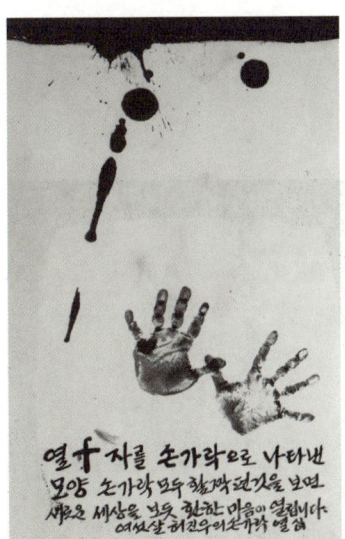

십十

궤軌

文明의 始原

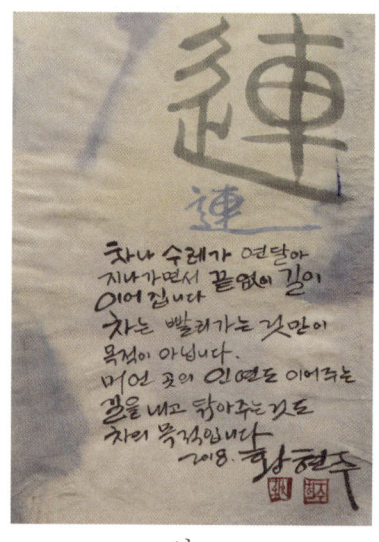

연連

홍興